essentials

essentials liefern aktuelles Wissen in konzentrierter Form. Die Essenz dessen, worauf es als „State-of-the-Art" in der gegenwärtigen Fachdiskussion oder in der Praxis ankommt. *essentials* informieren schnell, unkompliziert und verständlich

- als Einführung in ein aktuelles Thema aus Ihrem Fachgebiet
- als Einstieg in ein für Sie noch unbekanntes Themenfeld
- als Einblick, um zum Thema mitreden zu können

Die Bücher in elektronischer und gedruckter Form bringen das Expertenwissen von Springer-Fachautoren kompakt zur Darstellung. Sie sind besonders für die Nutzung als eBook auf Tablet-PCs, eBook-Readern und Smartphones geeignet. *essentials:* Wissensbausteine aus den Wirtschafts, Sozial- und Geisteswissenschaften, aus Technik und Naturwissenschaften sowie aus Medizin, Psychologie und Gesundheitsberufen. Von renommierten Autoren aller Springer-Verlagsmarken.

Weitere Bände in der Reihe http://www.springer.com/series/13088

Selina Bettendorf

Instagram-Journalismus

Ein Leitfaden für Redaktionen und freie Journalisten

Selina Bettendorf
Berlin, Deutschland

ISSN 2197-6708   ISSN 2197-6716   (electronic)
essentials
ISBN 978-3-658-25852-8   ISBN 978-3-658-25853-5   (eBook)
https://doi.org/10.1007/978-3-658-25853-5

Die Deutsche Nationalbibliothek verzeichnet diese Publikation in der Deutschen Nationalbiblio-
grafie; detaillierte bibliografische Daten sind im Internet über http://dnb.d-nb.de abrufbar.

Springer VS
© Springer Fachmedien Wiesbaden GmbH, ein Teil von Springer Nature 2019

Springer VS ist ein Imprint der eingetragenen Gesellschaft Springer Fachmedien Wiesbaden
GmbH und ist ein Teil von Springer Nature
Die Anschrift der Gesellschaft ist: Abraham-Lincoln-Str. 46, 65189 Wiesbaden, Germany

Was Sie in diesem *essential* finden können

- Eine Einführung in die Social-Media-Plattform Instagram
- Eine Zusammenfassung bereits bekannter Informationen über Journalismus auf Instagram
- Erfolgreiche und erfolglose Beispiele von Instagram-Journalismus
- Einen Überblick über die Wünsche der Nutzer und den Alltag der Instagram-Redakteure
- Einen praktischen Leitfaden für die tägliche Arbeit als Instagram-Journalist

Inhaltsverzeichnis

Einleitung 1

,Instagram-Journalismus' – was soll das eigentlich sein? Diese Frage möchte ich Ihnen in diesem *essential* beantworten und zeigen, wie leicht Sie selbst Instagram-Journalist werden können. Dabei spielt es keine Rolle, ob sie bereits Erfahrung mit dieser Plattform haben oder noch nicht. Nach dem Lesen dieses *essentials* werden Sie in der Lage sein, professionellen Journalismus auf Instagram zu betreiben.

Viele Medienhäuser stecken zurzeit in einer Krise und verlieren immer mehr Leser. Eine Gruppe der Bevölkerung erreichen viele Zeitungen gar nicht. Das sind die Jugendlichen und jungen Erwachsenen, die ,Digital Natives' oder auch die ,Generationen Y und Z', die Zeitungs- bzw. Online-Leser der Zukunft. Verpassen Sie nicht den Anschluss, um diese potenziellen Leser zu erreichen. Instagram ist dafür die geeignetste Plattform. Laut einer ARD/ZDF-Onlinestudie nutzten 2018 48 % der 14–19-Jährigen täglich Instagram (s. Abb. 1.1). Dabei besuchten nur noch 27 % von ihnen täglich Facebook. In der Altersgruppe der 20–29-Jährigen lag der Anteil der Instagram-Nutzer gleichauf mit dem Anteil der Facebook-Nutzer, täglich waren es 36 % der Gesamtbevölkerung in Deutschland (ARD/ZDF-Onlinestudie 2019).

Laut vergleichbaren Informationen des ,State of the News Media Report' des amerikanischen Pew Research Centers „informieren sich 50 % der US-amerikanischen Jugendlichen und jungen Erwachsenen unter 30 Jahren am häufigsten über Soziale Medien, Websites und Apps. Nur fünf % dieser Altersgruppe greift häufig zu einer Zeitung, nur noch 27 % informieren sich regelmäßig übers Fernsehen" (Haarkötter und Nieland 2018, S. 153). Sie können also auf Instagram die Menschen unter 30 ansprechen und noch dazu auf der Plattform professionellen Journalismus betreiben, denn das Erzählen von Geschichten durch visuelle Elemente wird immer wichtiger. Nutzer wollen nicht nur Texte lesen, sondern auch

© Springer Fachmedien Wiesbaden GmbH, ein Teil von Springer Nature 2019
S. Bettendorf, *Instagram-Journalismus,* essentials,
https://doi.org/10.1007/978-3-658-25853-5_1

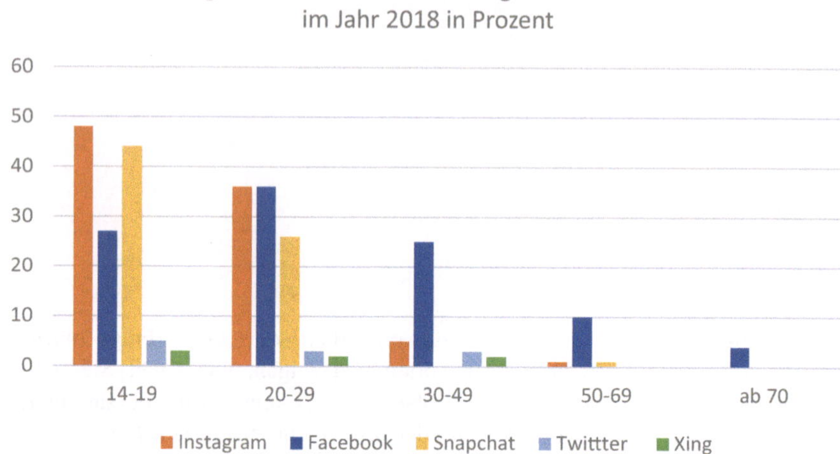

Abb. 1.1 Social-Media-Nutzung der Deutschen im Jahr 2018 in Prozent. (Quelle: Eigene Darstellung. Informationen aus der ARD/ZDF-Onlinestudie 2019)

Bilder, Grafiken und Videos dazu präsentiert bekommen. Deshalb ist auch eine Besonderheit von Instagram das Storyformat, das sich für visuelles Storytelling am besten eignet und von der jungen Zielgruppe gerne genutzt wird (Kroker 2018).

1.1 Einführung in Instagram

Instagram wurde im Jahr 2010 gegründet, knapp fünf Jahre nach der Gründung von Facebook. Im Westen ist Instagram laut dem Journalisten Christian Erxleben mit mehr als 800 Mio. Nutzern inzwischen das zweitgrößte soziale Netzwerk (Erxleben 2018). Im Gegensatz zu Facebook zeichnete sich Instagram zu Beginn vor allem dadurch aus, dass sogenannte ‚Filter‘ zu veröffentlichende Fotos verschönern konnten. Auch heute noch ist die Plattform als Netzwerk der Bilder bekannt. Instagram hat, wie Facebook auch, eine Startseite, auf der jeder Nutzer etwas publizieren kann. Dieser Newsfeed, im Folgenden einfach ‚Feed‘ genannt, unterscheidet sich von der Facebook-Startseite unter anderem durch den Algorithmus, da bei Facebook jeweils nur aktuelle Beiträge angezeigt werden. Der Instagram-Algorithmus folgt anderen Regeln.

Der Algorithmus wird hauptsächlich durch drei Faktoren beeinflusst. Zum einen geschieht dieses durch das Interesse des jeweiligen Nutzers an bestimmten

Themen, das durch sein vorheriges Verhalten auf Instagram analysiert wurde. Außerdem stellt die Aktualität einen Faktor dar, denn je aktueller ein Beitrag ist, desto wahrscheinlicher wird er oben im Feed angezeigt. Für Sie als Instagram-Journalist ist es deshalb wichtig, täglich aktuelle Inhalte zu publizieren, damit Ihre Beiträge den Nutzern überhaupt angezeigt werden. Zum Schluss ist noch relevant, wie der Nutzer bisher mit anderen Accounts interagiert und welche er beispielsweise schon geliket hat. Dabei passt sich der Algorithmus so individuell an den Nutzer an, dass selbst zwei Personen, welche den gleichen Accounts folgen, nicht der identische Feed angezeigt wird. Darüber hinaus beachtet der Algorithmus auch, wie häufig ein Nutzer die Plattform überhaupt öffnet, wie vielen Accounts er insgesamt folgt und wie lange er die Plattform am Stück nutzt. Der Feed ist dabei so organisiert, dass jeder Nutzer einen Beitrag irgendwann sieht, wenn er nur lange genug durch den Feed scrollt. Dabei wird kein Unterschied dahin gehend gemacht, ob es sich bei den Beiträgen um Fotos, Videos, Live-Storys oder geplante Storys handelt. Es gibt auch keine Accounts, die im Feed aus verschiedenen Gründen mehr Aufmerksamkeit als andere bekommen (Erxleben 2018).

Abgesehen von dem Algorithmus liegt der Unterschied zwischen Facebook und Instagram darin, dass der Nutzer auf Facebook auswählen kann, was er publizieren möchte, sei es beispielsweise einen Text, ein Bild oder ein Dokument. Bei Instagram gibt es lediglich die Möglichkeit, Fotos oder Videos zu teilen. Dadurch liegt der Fokus nicht auf schriftlichem Inhalt, sondern rein auf der Optik. Fotografen oder fotografisch begabte Personen sind deshalb auf Instagram besonders erfolgreich. Wenn Sie die Möglichkeit haben, mit Fotografen zusammen zu arbeiten, haben Sie bereits einen großen Vorteil gegenüber anderen Accounts. Auffallend viele Bilder oder Videos zeigen schöne Menschen, Landschaften oder Situationen. Instagram wird deswegen auch als ‚positive Plattform' bezeichnet. Neben der Startseite, im Sprachgebrauch ‚Newsfeed' oder nur ‚Feed' genannt, hat Instagram noch eine weitere, sehr prominente Funktion – die Story-Funktion.

In den Storys können Nutzer Bilder oder Videos hochladen, die im Einzelnen maximal 15 s lang sein dürfen. Mehrere dieser Aufnahmen können aneinandergereiht werden, doch nach 24 h werden sie gelöscht (Krieg 2017). Die Story-Funktion wird deshalb von Nutzern vor allem dazu verwendet, Momentaufnahmen zu publizieren. Für Sie sind die Storys eine gute Möglichkeit, journalistisch zu arbeiten. Der Erfolg der Storys ist enorm, wie auch die Abb. 1.2 verdeutlicht. Nachdem die Funktion im August 2016 eingeführt wurde, gab es bereits im Oktober 2017 300 Mio. täglich aktive Nutzer (Kroker 2018). Im Juni 2018 nutzten 400 Mio. Menschen die Funktion, sechs Monate später waren es schon 500 Mio. täglich (Firsching 2019).

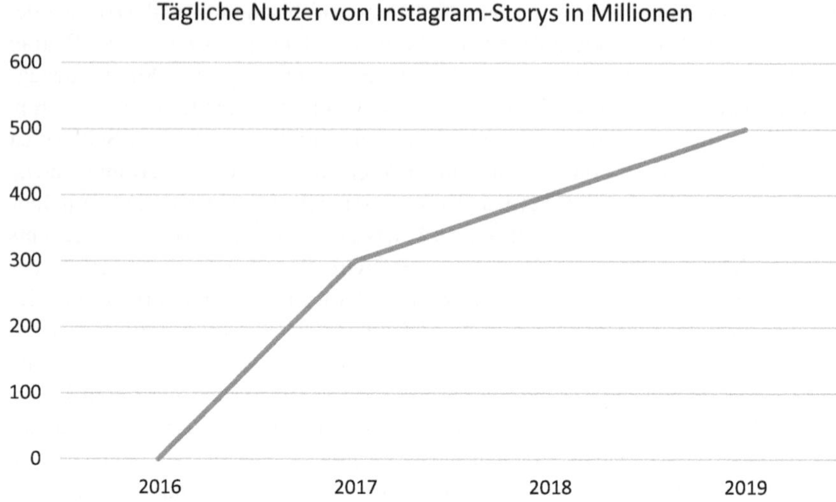

Abb. 1.2 Tägliche Nutzer von Instagram-Storys in Millionen. (Quelle: Eigene Darstellung mit Informationen von Kroker 2018 und Firsching 2019)

Instagram wurde schon sehr früh, im Jahr 2012, von dem Konkurrenten Facebook übernommen. Zu diesem Zeitpunkt hatte Instagram erst eine Handvoll Mitarbeiter (Erxleben 2017). Mittlerweile schätzen Experten den Wert des Unternehmens auf mehr als 100 Mrd. Dollar (Jacobsen 2018). 2019 nutzten weltweit über eine Milliarde Menschen Instagram. In Deutschland hat die Plattform über 15 Mio. Nutzer (Firsching 2019). 500 Mio. globale Nutzer teilen täglich Inhalte auf der Plattform (Etherington 2018).

Nachdem zunächst vor allem Privatpersonen auf Instagram aktiv waren, sind mittlerweile immer mehr Unternehmen auf der Plattform vertreten. 2019 gab es bereits 25 Mio. Unternehmensprofile weltweit. Etwa 80 % der Nutzer folgen auch mindestens einem dieser Accounts und täglich besuchen etwa 200 Mio. Menschen ein Instagram-Profil eines Unternehmens. Diese Profile sind inzwischen sogar so erfolgreich, dass etwa ein Drittel der meist angesehenen Storys von Marken oder Unternehmen produziert werden (Firsching 2019).

Obwohl Medienunternehmen viele Beiträge auf Instagram publizieren und ihre Reichweite bei den jungen Nutzern erhöhen möchten, gibt es weitaus erfolgreichere Instagram-Accounts. Unter die zehn besten deutschen Instagrammer, also diejenigen mit den meisten Abonnenten, fallen ausschließlich Fußballer und sogenannte Influencer (zu Deutsch: Beeinflusser). Die Konsumenten folgen Spielern der deutschen Nationalmannschaft und drei jungen Frauen. Dazu gehören ‚Bibis Beauty Palace' Bianca Claßen, die durch lustige Videos, schöne Bilder und Schminktipps bekannt wurde, sowie die Zwillinge Lisa und Lena, die durch die Tanzapp ‚TikTok' berühmt wurden (Priebe 2018). Weltweit gehören zu den zehn beliebtesten Instagram-Accounts, die von Sängern, Influencern, Schauspielern, Fußballern und der Account von Instagram selbst (Melchior 2019). Bei den gemeinschaftlichen Accounts ist ‚Everydayafrica' sehr erfolgreich, auf dem mehrere professionelle Fotografen täglich Bilder und Videos aus Afrika publizieren.

Am erfolgreichsten bei den Medienunternehmen in Deutschland ist der Account von ‚Promiflash' mit über 790.000 Followern, gefolgt von der ‚Bravo' und ‚Skysport' (Likeometer 2018). Sowohl Medienunternehmen, als auch prominente Accounts können sich ab einer Reichweite von 10.000 Followern (Nutzer, die ihren Account abonniert haben) in ‚Business Accounts' umwandeln lassen. Sie erhalten dann einen blauen Haken, durch den die Echtheit der Person oder der Marke verifiziert werden soll. Außerdem bekommen sie relevante Informationen, wie zum Beispiel welche Personen ihnen folgen und wie viele davon Männer/ Frauen unter oder über 18 Jahren sind. Darüber hinaus können sie beispielsweise Kommentarfunktionen auf ihren Accounts deaktivieren oder bestimmte Wörter blockieren (Schwichtenberg 2018).

Zusätzlich können sie in ihren Instagram-Storys, eine ‚hochwischen'-Funktion einstellen. Durch diese Funktion kann derjenige, der die Story erstellt hat, einen Link auf eine Website einfügen. Als Journalist können Sie hier auf einen Artikel, den Sie bereits online gestellt haben, verlinken.

Influencer, also in den sozialen Netzwerken bekannte Personen, können mit Instagram viel Geld verdienen. Dadurch, dass sie eine hohe Nutzerreichweite aufweisen, werden sie von Unternehmen angefragt, ob sie ihre Produkte auf Bildern oder Videos präsentieren möchten. Die Unternehmen bezahlen die Influencer für diese Werbung, und die Influencer müssen die Produktplatzierung auf ihren Accounts als Werbung kennzeichnen.

Die meisten aktiven Nutzer der Plattform haben mehrere Accounts abonniert. Sie folgen beispielsweise ihren Freunden, ihren Geschwistern, Sportlern, Organisationen, Influencern und Medienunternehmen. Die Unternehmen müssen deshalb regelmäßig gute Inhalte publizieren, da sie sonst in der Flut von Nachrichten und Bildern untergehen. Da Medienunternehmen das Ziel haben, von ihren Nutzern als glaubwürdig betrachtet zu werden, können sie nicht wie Influencer Werbung über Instagram machen. Dadurch fällt ihnen die bisher einzige mögliche Einnahmequelle über Instagram weg.

1.2   Definition von Instagram-Journalismus

Der Begriff Instagram-Journalismus beinhaltet in diesem Buch alle Aktivitäten, die Medienunternehmen auf Instagram tätigen. Der Instagram-Journalismus besteht aus zwei Teilen, nämlich Journalismus im ‚Feed‘ und Journalismus in den ‚Instagram-Storys‘. Für beide Varianten gibt es zahlreiche, verschiedene Möglichkeiten, Journalismus zu betreiben. Im Feed können Sie beispielsweise Informationen in Form von Bildern oder kurzen Videos vermitteln oder aber lustige oder schöne Bilder und Videos ohne Nachrichtenwert teilen.

In den Storys besteht die Möglichkeit, Geschichten zu erzählen und Informationen zu verbreiten. Beispielsweise kann das durch kurze Videos oder aber durch aneinandergereihte Fotos mit Texten oder Grafiken geschehen. Die Videos in einer Instagram-Story können, je nachdem wie sie gemacht werden, an das Format der Tagesschau erinnern. In der Tagesschau gibt es einen Moderator und mehrere Kurzfilme, die ein Thema erklären.

Eine Instagram-Story kann einen Moderator haben, muss aber nicht. Erklärende Kurzfilme werden auch hier häufig verwendet, sind jedoch sehr viel kürzer als in der Tagesschau und funktionieren oftmals ohne Ton und stattdessen mit Bildunterschriften. Themen, die in der Tagesschau schon knapp zusammengefasst sind, werden in den Instagram-Storys noch weiter komprimiert. In den Instagram-Storys gibt es zusätzlich einige weitere Möglichkeiten, wie zum Beispiel die der Nutzerinteraktivität. Konsumenten können in Storys über Themen abstimmen oder weiterklicken, wenn ihnen ein Beitrag zu lang ist.

Bisher ist es für Medienunternehmen nicht möglich, mit Instagram-Journalismus Geld zu verdienen. Der Grund, warum viele trotzdem Zeit und Geld in Instagram und den Journalismus in sozialen Medien allgemein investieren, ist, dass sie ihre Marke auf der Plattform bekannt machen wollen. Sie wollen somit junge Nutzer ansprechen, auf sich aufmerksam machen und im besten Fall eine Kundenbindung erzeugen. Wenn der Medienaccount die Instagram-Nutzer überzeugt, besuchen sie auch regelmäßig die Homepage des Unternehmens. Sie können als Instagram-Journalist einer Redaktion also schon hier Klicks generieren und aus dieser Zielgruppe E-Paper-Leser gewinnen. Außerdem können Sie sicher gehen, dass Sie so den Anschluss an Ihre Zielgruppe während des digitalen Wandels nicht verlieren.

Bisher ist außer diesem *essential* kaum Literatur vorhanden, die sich explizit mit Instagram-Journalismus auseinandersetzt, da die Story-Funktion der Plattform erst 2016 eingeführt wurde. Es gibt allerdings schon einen Forschungsstand zum Thema Instagram-Marketing, der sich mit Instagram-Strategien für Unternehmen befasst. Außerdem gibt es bereits Literatur zum Thema Journalismus im Internet und in den sozialen Medien, die zumindest am Rande auf Instagram eingehen.

2.1   Journalismus in den sozialen Medien

In einer Umfrage für die Studie ‚Brennpunkt Journalismus' von 2017 gaben mehr als die Hälfte der deutschen Journalisten an, dass soziale Netzwerke für ihre Arbeit eine wichtige Rolle spielen. Dabei lag der Anteil der jungen Redakteure wesentlich höher als der Anteil der älteren.

Im Vergleich der gewonnen Relevanz in zwölf Monaten kommt Instagram bei den befragten Journalisten auf Platz drei, bei 21 % der Befragten hat die Plattform an Bedeutung gewonnen. Dieser Wert wird in Zukunft vermutlich deutlich steigen. 62 % der befragten Redakteure geben an, dass ihr Ziel in den sozialen Netzwerken ist, die Leser an ihr Produkt zu binden. Darüber hinaus möchten sie die Leser auf die Website ihres Unternehmens lotsen oder auch die Bekanntheit ihres Verlages erhöhen (News Aktuell 2017).

Die Kommunikationswissenschaftler Hektor Haarkötter und Jörg-Uwe Nieland liefern in ihrem empirischen Werk zur ‚Initiative Nachrichtenerklärung' Informationen zur Mediennutzung junger Menschen, welche auf verschiedenen Studien basiert. So heißt es zum Beispiel, dass Mediennutzer unter 35 Jahren in der Regel nur zufällig auf Nachrichten stießen, und dass sie die betreffenden

© Springer Fachmedien Wiesbaden GmbH, ein Teil von Springer Nature 2019   7
S. Bettendorf, *Instagram-Journalismus*, essentials,
https://doi.org/10.1007/978-3-658-25853-5_2

Inhalte auch nicht besonders gut einordnen könnten. Je jünger die Nutzer seien, desto höher sei auch „der Anteil jener, die nicht proaktiv nach Nachrichten und Informationen suchen" (Haarkötter und Nieland 2018, S. 156).

Daraus ist zu schließen, dass viele junge Menschen sich fast ausschließlich über soziale Netzwerke informieren und neben den klassischen Medien, wie Printzeitungen, Fernsehen oder Radio, auch nicht mehr von sich aus auf Online-medien zugreifen. Sie erhalten Nachrichten folglich nur dann, wenn sie in ihrem Newsfeed in einem sozialen Netzwerk automatisch erscheinen. Diese These wird auch im weiteren Verlauf von den Autoren bestätigt, wenn es heißt: „Das Inter-net wird von der jungen Zielgruppe als ein ‚All-in-one-Medium‘ zur Nutzung wechselseitiger als auch produzierter Medienkommunikation (von originär digi-talen Anbietern, aber auch aus TV, Radio und Tageszeitung) genutzt." (Haarkötter und Nieland 2018, S. 158).

Die Tatsache, dass Jugendliche sich ausschließlich über soziale Netzwerke informieren, führt häufig zu der Annahme, dass sie sich wenig für Politik und ihre Umwelt interessieren. Doch die Shell-Jugendstudie konnte hinsichtlich dieses Aspektes das Gegenteil nachweisen: „Im Vergleich zum Jahr 2002 steigt es [das Interesse] in der Altersgruppe der 15- bis 24-Jährigen wieder an. Der Anteil der-jenigen, die sich als politisch ‚interessiert‘ oder ‚stark interessiert‘ bezeichneten, belief sich im Jahr 2015 auf 46 Prozent im Vergleich zu 34 Prozent im Jahr 2002". (Haarkötter und Nieland 2018, S. 159).

Diese Studie zeigt, dass soziale Medien nicht zu einem Desinteresse an Poli-tik bei jungen Erwachsenen führen, da ihr Interesse seit der Einführung und vermehrten Nutzung von Social Media zunahm. Vielmehr interessieren sie sich mehr dafür, wenn ihnen die Informationen in ihrem Newsfeed angezeigt werden. Begegnen die Medien den Nutzern dort, wo sie sich aufhalten, nehmen sie das Angebot der Medienunternehmen an und informieren sich über Websites oder direkt auf der Plattform über das aktuelle Geschehen. Gehen Sie deshalb nicht davon aus, dass junge Erwachsene gar keine Nachrichten lesen wollen, sondern präsentieren Sie Ihre Nachrichten ansprechend und auf den richtigen Plattformen.

Einige große Medienunternehmen versuchen den jungen Nutzern mit neuen Nachrichtenwebsites, die explizit Inhalte für eine junge Zielgruppe bereit-stellen, sowohl auf der Homepage als auch in den sozialen Netzwerken mit zugehörigen Auftritten zu begegnen. Dazu zählen beispielsweise die Produkte von ‚Zeit Online‘ (Ze.tt), ‚Spiegel Online‘ (Bento), ‚Handelsblatt Online‘ (orange by Handelsblatt) oder die ‚Süddeutsche Zeitung‘ mit ‚jetzt.de‘. Sie wol-len ihre Inhalte, die besonders auf junge Menschen zugeschnitten sind, auf den Plattformen verkaufen, auf denen sie sich aufhalten. Inhaltlich liegt dabei der

Fokus auf Themen wie „Liebe und Sexualität, Stars, Musik, Schule und Jobs, Jugendszenen, Mode, Jugendgewalt, Unfälle und Katastrophen" (Haarkötter und Nieland 2018, S. 163).

Mit diesem Ansatz gehen sie einen großen Schritt auf eine neue Zielgruppe zu, doch er birgt auch Risiken und gibt Anlass zur Kritik. Zum einen werden in den Redaktionen oft junge, unerfahrene Journalisten eingesetzt, da diese nah an der Zielgruppe seien. Dadurch verlieren die journalistischen Inhalte jedoch an Qualität, wenn sie nicht mehr von ausgebildeten Redakteuren betreut werden. Zum anderen werden die Leser, welche sich über soziale Netzwerke informieren, als eine Zielgruppe gesehen. Dabei reicht die Altersspanne auf den Plattformen von 15 bis 29 Jahren (Grimme Lab 2017) und ist deshalb nicht heterogen. Außerdem sind auf der älteren Plattform Facebook mittlerweile Menschen jeden Alters vertreten. Deshalb heißt es von Kritikern auch: „Vor lauter Angst, die jungen Leser mit zu langen oder komplizierten Texten abzuschrecken, werden sie mit banalisierten Inhalten unterfordert. Offenbar traut die Redaktion ihrer Zielgruppe, zu der ja auch Studenten und Berufseinsteiger gehören, nicht zu, sich länger als drei Minuten mit einem Thema auseinanderzusetzen." (Haarkötter und Nieland 2018, S. 163).

Ich würde Ihnen deshalb davon abraten, Inhalte für eine jüngere Zielgruppe zu sehr zu banalisieren. Junge Erwachsene sind nicht dumm, auch wenn sie keine klassischen Zeitungsleser sind. Sie interessieren sich größtenteils für dieselben Informationen, möchten sie aber anders aufbereitet bekommen. Denken Sie also an journalistische Qualitätskriterien, die Ihnen bereits aus dem klassischen Journalismus bekannt sind, wenn Sie Inhalte für eine neue Zielgruppe konzipieren. Die neue Plattform bietet Ihnen viele Vorteile, die Sie nutzen sollten. Zum Beispiel können Sie durch Ihre Beiträge ein direktes Feedback der Nutzer erhalten und gleichzeitig ein besseres Beziehungsmanagement zwischen Redaktion und Leser etablieren. „Die Redaktionen haben damit begonnen, Nutzerfeedback systematischer in ihre Themenplanung und Beitragsproduktion einzubeziehen und versuchen, über unterschiedliche Dialogkanäle sowohl konkret ihre Berichterstattung zu ergänzen, aber auch die Nutzerbindung an die Nachrichtenmarke zu erhöhen", bestätigen auch Haarkötter und Nieland (2018, S. 181). In einigen Redaktionen ist es mittlerweile üblich, ein Thema aufgrund von Publikumsfeedback weiter zu verfolgen und so die Nutzer in die Berichterstattung miteinzubinden. (ebd., S. 168).

Abgesehen von dem journalistischen Mehrwert profitieren Sie von einem vertrauensvollen Verhältnis mit Ihren Kunden und demnach einer verbesserten Kundenbindung. Möglich ist das beispielsweise durch den direkten Dialog in sozialen Medien zwischen Ihnen und den Nutzern. Die Mitarbeiter, die im Namen von Medienunternehmen Nachrichten beantworten, schreiben häufig ihren Vornamen hinter ihre Antworten, um dieses Vertrauensverhältnis weiter zu verstärken. Bei öffentlichen Beiträgen nutzen sie Personalpronomen wie ‚ich' und ‚wir'. Die Autorinnen Susanne Femers-Koch und Stefanie Molthagen-Schnöring bestätigen diese Annahme: „Der amerikanische Social-Media-Spezialist Dan Zarrella hat in diesem Zusammenhang herausgefunden, dass Posts, die aus persönlicher Sicht geschrieben werden und Personalpronomen wie ‚ich', ‚wir' oder ‚unser' gebrauchen, tendenziell mehr Likes bekommen. Kommentiert werden demnach auch solche Beiträge eher, die eine klare Aussage formulieren und sich nicht hinter neutralen Formulierungen verstecken." (Koch und Schnöring 2018, S. 103).

2.2   Strategien für Social-Media-Journalismus

Bevor Sie eine Social-Media-Strategie für Ihr Unternehmen erstellen, sollte Ihnen klar sein, welche Inhalte in den sozialen Netzwerken erfolgreich sind. Dazu gehören laut Social-Media-Experte Stefan Primbs Inhalte und Formate, die „auf einen Blick erfassbar sind, eine subjektive und individuelle Note aufweisen, für eine Special-Interest-Gruppe geeignet sind, einen hohen Nutzwert aufweisen, man leicht teilen kann und über die sich gut diskutieren lässt" (Primbs 2016, S. 66). Verschiedene Social-Media-Trends erfüllen diese Kriterien, doch für Instagram-Journalismus im Feed passt das Format der Infografik besonders gut. Die Infografik stellt kein neues Format dar, da sie beispielsweise bereits in Tageszeitungen verwendet wird. Für Journalismus in den sozialen Netzwerken kommt Infografiken jedoch noch einmal eine höhere Relevanz zu. Die Grafiken eignen sich dort besonders gut, weil sie leicht teilbar sind und gleichzeitig schwierige Zusammenhänge vereinfacht darstellen (ebd., S. 68). Dabei sollten Sie darauf achten, dass die Grafiken auf den ersten Blick verständlich sind, da viele Nutzer oft nur wenige Sekunden auf ein Bild schauen.

Beim erstmaligen Erstellen einer Strategie sollten, wie auch bei anderen Unternehmensstrategien, zu Beginn zunächst eine allgemeine Vision und danach messbare Ziele wie Fanzahlen und Interaktionsraten definiert werden. Weiterhin sollte die Haltung beschlossen werden, wobei vor allem festgelegt wird, wie mit den Nutzern umgegangen und kommuniziert wird und welches Bild das Unternehmen von sich selbst zeigen möchte (ebd., S. 74). Wenn diese Strategie existiert, kann im nächsten Schritt ein konkreteres Konzept erarbeitet werden. Für Instagram-Journalismus sind hierbei folgende Punkte relevant: Wie viele Mitarbeiter beschäftigen sich wann mit dem Instagram-Account des Unternehmens?

Wie viele Beiträge werden produziert? Wie wird mit Kommentaren auf Instagram umgegangen? Welche Etikette wird verfolgt? Welche Themen werden bespielt?

Wenn das Konzept umgesetzt wurde und die Accounts bespielt werden, sollte der Erfolg regelmäßig gemessen und das Konzept entsprechend angepasst werden. Erstrebenswert sind auch eine hohe Anzahl von erfolgreichen ‚viralen‘ Inhalten, welche über viele Teilungsvorgänge eine größere Zielgruppe erreichen. Abgesehen davon sollten die organische und gegebenenfalls die bezahlte Reichweite, die Beiträge mit der größten und kleinsten Gesamtreichweite und den höchsten und niedrigsten Interaktionsraten sowie die Fan-Entwicklung gemessen werden (ebd., S. 80–81).

2.3   Instagram-Marketing

Instagram-Experte Gary Vaynerchuk sagt: „Eine gute Marketingstory ist eine, die erfolgreich verkauft. Sie schafft eine Emotion, die Verbraucher dazu bringt, sich so zu verhalten, wie Sie es gerne hätten." Dieses Ziel könne nur mit Beiträgen erreicht werden, die eigens für dieses Medium erstellte Inhalte enthalten (2017, S. 27). Dabei sind die sozialen Netzwerke mit Inhalten überfüllt, sodass Nutzer zwischen tausenden von Angeboten auswählen müssen. „Nur hervorragender Content kann sich gegenüber der allgemeinen Geräuschkulisse durchsetzen", erklärt Vaynerchuk. Dieser Content (Inhalt) sei an verschiedenen Merkmalen erkennbar. Zunächst sollten die Inhalte eigens für das Medium erstellt werden, dann sollten sie die Nutzer nicht stören und auch keine Ansprüche an sie stellen. Die Inhalte sollten sich den jungen Nutzern anpassen, unterhaltsam und neu sein und der gesamte Social-Media-Auftritt eines Unternehmens muss konsistent und selbstbewusst sein (ebd., S. 32–43).

In den meisten Medienunternehmen existieren schon Social-Media-Auftritte, zumindest in Form von Facebook-Profilen. Beim Erstellen eines neuen Instagram-Auftritts ist es nun sinnvoll, diesen mit den bereits bestehenden Social-Media-Accounts zu verknüpfen und auf den anderen Plattformen auf den neuen Account zu verweisen, zu verlinken und ihn zu bewerben. Auf diese Weise kann schon zu Beginn Reichweite erzielt werden.

Genauso wie auch bei Facebook ist es wichtig, auf Instagram mit den Followern zu interagieren. Reagieren Sie auf Kommentare und beantworten Sie Fragen der Nutzer. Sie sollten ernst genommen und gelegentlich auch mit Likes belohnt werden. Inhaltlich ist es vor allem wichtig, den Nutzern starke Bilder zu präsentieren. Auch kurze Textnachrichten können vermittelt, müssen aber kurz, knapp, ansprechend, auf gar keinen Fall langweilig und mit einem ansprechenden Hintergrund dargestellt werden.

Ebenfalls wichtig sind die bekannten Hashtags – Schlagwörter, die mit einer Raute (#) markiert werden. Durch diese werden neue Instagram-Nutzer erreicht, da sie sich vielleicht zunächst nur für bestimmte Schlagwörter und deren Beiträge interessieren, davon dann aber auf die Seite des Unternehmens wechseln. Hashtags sollten klug gewählt werden, kurz und aussagekräftig sein und auf gar keinen Fall nur aus dem Namen des Unternehmens bestehen. Für Vaynerchuk sind Hashtags auf Instagram sogar noch wichtiger als auf Twitter: „Auf Twitter kann der Hashtag manchmal der Zuckerstreusel sein – die Prise Ironie, der Schuss Humor, den Sie einmal oder vielleicht zweimal täglich verwenden. Auf Instagram hingegen sind Hashtags der ganze Kuchen." (Vaynerchuk 2017, S. 154).

Seiner Meinung nach kann ein Anbieter gar nicht zu viele Hashtags verwenden. Fünf, sechs oder sogar zehn Hashtags hintereinander in einem Posting zu nutzen, sei keine schlechte Kommunikationsmethode (ebd.). Grund dafür sei, dass ein Klick auf einen Hashtag den Nutzer zu einer ganz neuen Seite mit anderen Bildern unter demselben Hashtag führe. Laut Vaynerchuk gäbe es keine bessere Methode, um mehr Einblendungen zu bekommen und Follower zu gewinnen: „Hashtags sind die Zugänge, über welche Leute Ihre Marke entdecken werden; ohne sie werden Sie unsichtbar bleiben." (ebd.) Wenn ein Nutzer Ihren Unternehmenshashtag verwendet, können Sie sich auch das publizierte Bild ansehen und, falls es wertvollen Content bietet, den Nutzer fragen, ob Sie das Bild auf Ihrer Seite teilen können. Auf diese Weise wird Ihnen nicht nur Content geliefert, sondern Sie verbessern auch die Beziehung zu Ihren Nutzern.

Wie auch bei anderen Social-Media-Accounts sollten auch auf Instagram mehrmals täglich neue Beiträge publiziert werden und dabei ein regelmäßiger Rhythmus entstehen. So werden Nutzer nicht gelangweilt und auch nicht mit zu vielen Beiträgen überfordert. Instagram-Aktionen, die eine besonders hohe Verbreitung erfahren (,viral gehen'), sorgen für eine höhere Reichweite und damit dem Wachstum des Accounts. Ein Paradebeispiel liefert die Jeansmarke Levis. Mitarbeiter des Unternehmens suchten über Instagram nach einem Model für ihre Kollektion und forderten Nutzer dazu auf, Fotos von sich selbst mit dem Hashtag #iamlevis zu publizieren. Das Unternehmen konnte auf diesem Weg mit über 3000 publizierten Bildern schätzungsweise bis zu 30.000 Instagram-Nutzer erreichen (Richter 2017, S. 5–9).

Abgesehen von regelmäßigen Beiträgen ist ein sorgfältiges Profil wichtig für einen guten Auftritt. Das Profilbild sollte ansprechend sein und klar zeigen, um wen es in diesem Account geht – beispielsweise das Logo Ihres Unternehmens. In der Biografie auf dem eigenen Instagram-Account kann zudem Ihre Website platziert und Ihr Unternehmen in wenigen Schlagwörtern möglichst authentisch und ansprechend beschrieben werden. Bei den Beiträgen sollte Heterogenität in der Homogenität vorhanden sein. Beispielsweise sollten gleiche Filter, gleiche Farben und Formen verwendet werden, um dem Nutzer ein einheitliches Unternehmen und feste Strukturen zu präsentieren. Gleichzeitig sollten immer wieder unterschiedliche Bilder und Motive verwendet werden, um Abwechslung innerhalb der festen Leitlinien anzubieten (Richter 2017, S. 17–19).

Wichtig ist bei den Beiträgen selbstverständlich, dass sie einen Mehrwert für den Nutzer darstellen, sonst wird dieser Ihrem Account nicht weiter folgen. Über Instagram ist es nicht schwierig, die Interessen der Nutzer herauszufinden. Hierfür dienen der Dialog mit den Kunden und auch das Besuchen der Kundenprofile. Es ist auch sinnvoll, anderen Accounts zu folgen und dort im Namen des Unternehmens zu kommentieren, wie es beispielsweise die Social-Media-Redakteure der Welt erfolgreich machen. Die Anzahl der eigenen Follower kann sich bei viel Engagement schnell erhöhen.

Für Unternehmen im Allgemeinen und ganz speziell für Medienunternehmen bietet die neue Story-Funktion zahlreiche Möglichkeiten. Das Instagram-Storyformat wurde erst im August 2016 geschaffen und allein im Juni 2017 veröffentlichten über 50 % der dort vertretenen Unternehmen mindestens eine Story. Eine Analyse, die damals noch für das Konkurrenzportal ‚Snapchat' durchgeführt wurde, zeigt, dass Storys mit maximal acht Inhalten am häufigsten angesehen wurden. Zudem ist in den Storys eine gute Mischung von Fotos und Videos ausschlaggebend, wobei Live-Videos von solchen Details ausgenommen sind. In der Instagram-Story sollten, wie auch in Feed-Beiträgen, Hashtags, Verlinkungen und Standorte verwendet werden. Durch diese Funktionen können neue Nutzer generiert werden, die sich zuvor beispielsweise nur für den Standort interessierten. Darüber hinaus gibt es zusätzlich mögliche Bestandteile wie Boomerang, Hyperlapse, Zeichnen oder Text hinzufügen, um Storys für die Nutzer ansprechender zu gestalten (Richter 2017, S. 20–47).

2.4   Journalismus in Instagram-Storys

Als Produzent einer Instagram-Story sollten Sie eine Geschichte erzählen und dabei, wenn es dramaturgisch passend ist, Hilfsmittel von Instagram verwenden. Dazu zählen Kameraeffekte wie Boomerang oder Superzoom, Texte, Sticker, Filter und der Wechsel der Kameraperspektive (Wolter 2017). Eine Möglichkeit bietet auch der Einsatz von Influencern oder Mikro-Influencern. Influencer mit einer hohen Reichweite können durch ihre Bekanntheit und der ihres Accounts selbst für ein Wachstum sorgen, wenn sie auf Ihrem Account in Erscheinung treten. Mikro-Influencer verfügen nicht über einen solchen Bekanntheitsgrad, können aber trotzdem hilfreich für den Instagram-Journalismus sein. Sie können die Instagram-Nutzer durch die Storys begleiten und eine Nähe zwischen Unternehmen und Konsumenten herstellen (Wolter 2017).

Der britische ‚Guardian‘ gilt als Vorzeigemodell im Instagram-Journalismus. Der ‚Guardian‘ hat seine Followerzahl auf Instagram innerhalb eines Jahres um 57 % erhöht. Von diesen Followern besuchen viele später auch die Website des Unternehmens, um sich über das Nachrichtengeschehen zu informieren. Dabei sind 60 % derjenigen Follower, die auch die Website besuchen, neue Nutzer der Website (Davies 2018). Der ‚Guardian‘ hat es also geschafft, Instagram als Werbeplattform zu nutzen und eine hohe Zahl neuer Kunden auf die Website zu locken. Das Ziel des Unternehmens ist es dabei, die Kunden weiter an den ‚Guardian‘ zu binden, zu regelmäßigen Lesern der Website zu machen und sie schließlich im besten Fall dazu zu bewegen, für den Journalismus des ‚Guardians‘ auch Geld zu bezahlen. Die Instagram-Redakteure des ‚Guardians‘ nutzen vor allem das Storyformat um neue Projekte zu verwirklichen und die Kunden zu begeistern.

Erfolgreiche Beispiele sind das wöchentliche, einminütige Format ‚Fake or For Real‘ oder ‚Brexit Bites‘. In ‚Fake or For Real‘ können die Nutzer mit raten, ob eine Information stimmt oder nicht und können sich danach die Antwort und die Erklärung dazu ansehen. Jede Woche wird diese Story von etwa 50.000 Nutzern angesehen. Im Format ‚Brexit Bites‘ bekommen die Nutzer immer wieder Informationen über die aktuellen Brexit-Verhandlungen. Für eine andere erfolgreiche Produktion nutzten die Redakteure Material von anderen Unternehmen, um ihren Followern eine gute Story anbieten zu können. So zeigten sie Liebesbriefe von Michelle und Barack Obama, Oscar Wilde and Lord Alfred ‚Bosie‘ Douglas. Für die zahlreichen Formate hat das Unternehmen verschiedene Richtlinien erstellt, um die Übersicht zu behalten. Auf ihrem Instagram-Account soll es vornehmlich um die Themen Umwelt, Menschenrechte und Tierrechte gehen. Außerdem sollen die Beiträge hoffnungsvoll sein und Lösungen aufzeigen (Davies 2018).

Erfolgreiche und erfolglose Beispiele von Instagram-Beiträgen

3

Was bei Instagram gut und was weniger gut funktioniert, lässt sich am besten durch Beispiele erklären. Hierfür werden Beiträge der Accounts von ‚Spiegel Online', die ‚Welt', die ‚Zeit', die ‚Bild' und ‚nordbayern.de' vorgestellt, die in der Woche von Montag, 14. Mai 2018, bis zum Sonntag, 20. Mai 2018 erschienen sind. Diese Auswahl bietet eine Mischung aus Tageszeitungen, Wochenzeitungen, Magazinen und Regionalzeitungen. Die Beiträge wurden also publiziert von Social-Media-Redakteuren der Unternehmen, die eigentlich Printjournalismus machen und aus diesen Stärken und Ressourcen heraus ihre Social-Media-Auftritte gestalten.

3.1 Beispiele für den Feed

Erfolgreiches Beispiel der ‚Nürnberger Nachrichten'
Im Instagram-Feed von nordbayern.de wird täglich ein Leserfoto veröffentlicht, was geliked wird, aber nicht kommentiert und deshalb kaum Followerzuwachs generiert. Die Reichweite der einzelnen Beiträge im Feed wird jedoch stark erhöht, sobald ein Nachrichtenwert gegeben ist. So wurde an einem Mittwoch ein Leserfoto ohne Nachrichtenwert geteilt, was auch nur eine niedrige Reichweite erlangte. Am selben Tag wurde zusätzlich auch noch ein weiteres Bild veröffentlicht. Es zeigt eine Stadt in der Region mit einem Blitz. Die Nutzer bekommen also nicht nur ein Bild aus der Region, sondern zusätzlich die Information, wo es bei ihnen gerade blitzt und stürmt. Dieser Beitrag konnte deutlich mehr Reichweite erzielen und ist deshalb ein erfolgreiches Beispiel für gelungenen Journalismus im Feed.

© Springer Fachmedien Wiesbaden GmbH, ein Teil von Springer Nature 2019
S. Bettendorf, *Instagram-Journalismus*, essentials,
https://doi.org/10.1007/978-3-658-25853-5_3

Erfolgreiches Beispiel der ‚Bild-Zeitung'

Die ‚Bild' veröffentlicht täglich zwischen vier und acht Beiträge im Feed. Die Redakteure beschäftigen sich, im Unterschied zu den anderen Medien, mit Bild-typischen Boulevardthemen, die bei den Instagram-Nutzern im Verhältnis nicht so gut ankommen wie die seriösen Nachrichten anderer Accounts. Das mit Abstand stärkste Bild im Feed war in einer Woche ein Symbolbild mit einer Hängematte zwischen zwei Bäumen und dem Titel ‚Wochenend-Feiertage sollen montags nachgeholt werden'. Das Bild war nicht boulevardesk und zudem noch aktuell und erreichte deshalb über 31.000 Nutzer.

Erfolgreiches Beispiel von ‚Spiegel Online'

Generell werden im Newsfeed von ‚Spiegel Online' verglichen mit beispielsweise der ‚Bild-Zeitung' nicht besonders viele Beiträge veröffentlicht. Wenn jedoch Beiträge publiziert werden, finden sie meistens Anklang bei den Nutzern. Ein perfektes Beispiel hierfür gab es am Mittwoch. Durch nur einen Beitrag abonnierten 214 Personen ‚Spiegel Online'. Das Bild wurde um vier Uhr nachmittags publiziert und zeigt einen aktuellen Vulkanausbruch auf Hawaii. Der Betrachter sieht riesige Aschewolken im Hintergrund und einen Golfer im Vordergrund, der sich mit Golfen beschäftigt, als gäbe es keinen Vulkanausbruch. Das Bild ist aktuell, außergewöhnlich und witzig. Außerdem werden Hashtags verwendet. Wenige Tage später wurde das Bild auch auf den Instagram-Accounts anderer Medien veröffentlicht, erreichte aber nicht mehr so viele Nutzer, da es nicht mehr neu war. Eine Stärke von ‚Spiegel Online' ist neben der Themenwahl also auch die Aktualität der Beiträge.

Erfolgreiches Beispiel der ‚Welt'

Die Welt teilte an einem Tag zwei Beiträge, die jeweils knapp 25.000 Instagram-Nutzer erreichten, also sehr erfolgreich waren. Im ersten Video wird eine aktuelle Bundestagsrede vom damaligen CDU/CSU-Fraktionsvorsitzenden Volker Kauder gezeigt, der AfD-Fraktionschefin Alice Weidel nach ihrer Rede kritisiert und auf das christliche Menschenbild in Deutschland aufmerksam macht. Dieses Video wurde an besagtem Tag öfter über Social Media geteilt, auf Instagram aber bei den zu analysierenden Unternehmen nur von der ‚Welt'. Beim zweiten Beitrag handelt es sich um eine ‚Quotecard', also einen kurzen Text, in diesem Fall mit Hamburg im Hintergrund, und der Aussage, dass Hamburg den Mindestlohn für Beschäftigte der Stadt von 12 EUR einführt.

Erfolgloses Beispiel der Welt
An einem Sonntag veröffentlichte die ‚Welt-Redaktion' zwei Beiträge, die beide Videos waren und nicht zu dem ‚Welt'-Content, der an den anderen Tagen im Feed veröffentlicht wurde, passten. Normalerweise stellt die ‚Welt' Nachrichten-bilder online, die den Nutzern gut gefallen. Das erste Video zeigt einen Hund im Bällebad ohne nachrichtliche Information, das zweite behandelt den Weltbienen-tag und wie Bienen geholfen werden kann, was immerhin nachrichtlichen Wert beinhaltet. Anhand aller vorherigen und nun auch dieser Beispiele wird deutlich, wie sehr die Nutzer die üblichen Beiträge der ‚Welt' in ihrem Newsfeed schät-zen. Publiziert die ‚Welt' die politisch-nachrichtlichen Bilderstatements, werden diese von den Followern mit Interaktionen belohnt. Beiträge wie an diesem Tag bekommen wenig Reichweite.

Erfolgloses Beispiel der ‚Zeit'
An einem Samstag veröffentlichte die ‚Zeit'-Redaktion vier Beiträge im Feed. Den schlechtesten Beitrag stellt ein Landschaftsfoto eines Lesers dar, welches 11.000 Nutzer erreichte. Es sieht schön aus, hat jedoch gar keinen Nachrichten-wert und auch keinen regionalen Bezug. Leserfotos werden oft geliket, jedoch selten kommentiert und erzielen deshalb eine niedrigere Reichweite als gut kom-mentierte Beiträge. Einen Vergleich sieht man bei dem besten Foto des Tages. Es zeigt den Kuss des britischen Hochzeitspaares mit der Überschrift ‚Just married! ❤ Prinz Harry und US-Schauspielerin Meghan Markle haben geheiratet' und ent-hält damit aktuelle Nachrichten. Damit wurden 21.000 Nutzer erreicht, also fast doppelt so viele wie mit dem Leserfoto.

3.2 Beispiele für Storys

Erfolgreiches Beispiel der Zeit
An dem Tag, an dem der muslimische Fastenmonat Ramadan begann, ging zum Feierabend eine Story der ‚Zeit' zum Thema Ramadan online. Es ist eine Auf-klärungsstory, in der mit starken Bildern erklärt wird, was genau der Ramadan ist und wie er gestaltet wird. Die Story ist neutral und informierend gehalten. Einige Informationen könnten den Nutzern schon bekannt sein, aber über diese Slides lässt sich auch schnell hinwegblättern. Die Story ist mit zwei Minuten und zwölf Slides sehr lang, wie viele Storys der ‚Zeit' es sind. Zum Schluss gibt es eine Verlinkung zu einem Themenarchiv zum Thema Ramadan bei ‚Zeit Online'. Durch diese Verlinkung hat der Leser, der über Instagram zunächst all-gemein über das Thema informiert wurde, eine große Auswahl an Texten, die er

zur weiterführenden Erläuterung lesen könnte. Das ist förderlich, um den Instagram-Nutzer auch zum Lesen der Website zu verleiten. Die Story ist aktuell und informierend und deshalb sehr gut gemacht.

Trotzdem hätte vor allem die Hashtag-Funktion, gegebenenfalls auch die Interaktionsfunktion oder die Verlinkungsfunktion genutzt werden können. So hätte die Reichweite erhöht werden können. Der Zeitpunkt der Veröffentlichung ist pünktlich zum Feierabend und Beginn des Ramadans zum Sonnenuntergang sinnvoll gewählt. So erreicht die Story die Nutzer in der Hochzeit am Abend und ist auch noch am nächsten Tag länger abrufbar.

Erfolgloses Beispiel der ‚Nürnberger Nachrichten'
Die Storys von nordbayern.de bestehen meistens aus wenigen aber starken Bildern von aktuellen Veranstaltungen und passenden Überschriften und Links zu Artikeln. Für einen geringen Zeitaufwand sind sie gut gemacht und die ausgewählten Themen sind aktuell und passen sehr gut zu Instagram und zu den Followern des Accounts. Außerdem wird in den Storys meistens auf Artikel, Liveticker oder Bildergalerien der Homepage verlinkt und dadurch Werbung für den Online-Auftritt gemacht. Allerdings sind auch diese Storys mit wenig Aufwand leicht zu verbessern.

Zunächst einmal werden nur die elementarsten Funktionen, also lediglich Bilder und Überschriften verwendet. Allein schon eine höhere Anzahl von Videos könnte den Auftritt verbessern. Außerdem ist zumindest die Standortfunktion für einen Lokalaccount essenziell. Die Redakteure sollten auf jeder Instagram-Slide einen Standort vermerken. Dieser stört den Nutzer nicht, sondern informiert ihn und kann darüber hinaus die Reichweite erhöhen, da auch Nicht-Follower so den Account entdecken könnten.

Fast genauso wichtig ist die Verlinkung auf andere Accounts. In der Story vom Dienstag beispielsweise geht es um die Aufstiegsfeier des Nürnberger Fußballclubs – ein ideales Instagram-Thema, welches auch gut aufgegriffen wurde. Es fehlen aber Verlinkungen auf den Club, die Nürnberger Versicherung oder die Burg. Besonders durch Verlinkungen auf regionale Persönlichkeiten oder Organisationen können schnell Reichweiten erhöht werden. Zum Schluss wäre die Interaktionsfunktion sinnvoll, wie zum Beispiel in einer Wetterstory von Mittwoch, in welcher ein Video gezeigt wurde, das zeigt, dass es in der Region gerade hagelt. Die Frage ‚Hagelt es bei euch auch gerade?' hätte die Nutzer zur Interaktion animieren können.

Erfolgloses Beispiel der ‚Bild'
Die Storys der ‚Bild' unterscheiden sich deutlich von den Storys der anderen Medienunternehmen. Besonders häufig publizierte die ‚Bild' Storys über

prominente Gäste in der Redaktion. An einem Dienstag beispielsweise war DSDS-Sieger Pietro Lombardi (von der TV-Castingshow ‚Deutschland sucht den Superstar') zu Gast bei der ‚Bild'-Redaktion. Eine Story über ihn und ähnliche Kandidaten passt gut zum Instagram-Account der ‚Bild', da es sich um aktuelle, junge Boulevardthemen handelt. Leider war der Story anzumerken, dass Lombardi nicht nur für Instagram vor Ort war, sondern eigentlich aus einem anderen Grund. In der Instagram-Story wurde sein Interview nur zusätzlich mitgefilmt, die Videoslides sind deshalb teilweise verwackelt und abgehakt, außerdem schaut der Prominente nicht direkt in die Kamera.

Für die Nutzer wäre es ansprechender gewesen, hätte er nicht nur zum Ende der Story, sondern auch zu Beginn persönlich in die Instagram-Kamera zu ihnen gesprochen. Außerdem hätten bessere Videoschnitte aus dem Interview verwendet werden können, sodass einzelne Aussagen nicht abgehakt worden wären. Abgesehen von diesem Kritikpunkt ist die Story sehr stark. Die Redakteure nutzen die Standortfunktion und verlinken vor allem auf die Accounts von Sarah und Pietro Lombardi. Beide sind bekannte Influencer mit einer hohen Reichweite, weshalb eine Verlinkung auch die Reichweite des ‚Bild'-Accounts erhöhen kann. Weiterhin werden mehrere Hashtags verwendet, was ebenfalls Erfolg verspricht.

3.3   Beispiele für innovative Story-Formate

Beispiel für ein innovatives Story-Format von der ‚Bild'
Jeden Freitag gibt es mit ‚Bild fragt euch' ein eigenes, wöchentliches Format als Instagram-Story. Zwei junge Moderatoren sprechen die Nutzer direkt an, berichten von aktuellen Boulevard-Themen und stellen ihnen zu jeder Information eine Frage. Sie verlinken auf die Accounts der Moderatoren und auf Artikel zu dem Thema. Außerdem wird die Abstimmungsfunktion genutzt.

Beispiel für ein innovatives Story-Format der ‚Zeit'
Die Zeit veröffentlicht in den Storys regelmäßig aufwendige Reportagen, die zuvor auf ‚Zeit Online' erschienen sind. Eine Story beispielsweise basiert auf einer Reportage über eine ältere Dame, die seit vielen Jahren ein Gasthaus betreibt. Die Geschichte wird durch Bilder mit Untertiteln erzählt. Für eine Instagram-Story fällt sie sehr lang aus und die Redakteure nutzten kaum spezielle Effekte. Sie verlinkten lediglich zwei Mal auf den eigentlichen Artikel. Es handelt sich hierbei nicht um ein anteasern, also ‚Werbung-Machen' für den Artikel, sondern um eine eigene Geschichte. Dabei wäre zumindest die Standortfunktion, eventuell auch eine Interaktion sinnvoll gewesen. Da die Reportage nicht aktuell

ist, stellt sich die Frage, wie viele Nutzer sie sich vollständig ansehen oder ob sie direkt übersprungen wird, weil sie zu lang ist. Die ‚Zeit' zeigt mit dieser Story, wie richtiger Journalismus auf Instagram betrieben werden kann, statt ‚nur' Werbung mit dem anteasern auf die eigene Homepage zu machen. Sie ist sichtbar mit viel Mühe und Zeitaufwand gestaltet worden.

Beispiel für ein innovatives Story-Format von ‚Spiegel Online'
Die ‚Spiegel Online'-Redaktion hatte für eine Story die Gebärdensprachendolmetscherin des ‚Eurovision-Song-Contests', der kurz zuvor stattgefunden hatte, zu Gast. Sie gibt, im Unterschied zu dem Besuch von Pietro Lombardi bei der ‚Bild', extra für die Instagram-Nutzer ein Interview und erzählt ihnen von ihrem Beruf. Für die Nutzer ist offensichtlich, dass das Interview nur für Instagram geführt wurde. Die Ton- und Bildqualität ist dementsprechend besser und der Konsument wird persönlich angesprochen. In der Story lassen die Redakteure die Dolmetscherin in Gebärdensprache sprechen und untertiteln ihre Aussagen in den Bildunterschriften. Die Texte sind allerdings sehr lang, wodurch der Nutzer etwas abgelenkt wird, wenn er gleichzeitig den Bewegungen der Gebärdensprachenübersetzung folgen möchte.

Ein Höhepunkt der Story ist die Abstimmung am Ende, bei welcher die Instagram-Nutzer interaktiv mit raten konnten, welches Lied sie gerade gedolmetscht hatte. Die Story ist sehr gut gemacht, von den Redakteuren gut vorbereitet und das Thema für Instagram ansprechend aufbereitet. Gefehlt haben trotz allem noch Verlinkungen wie beispielsweise auf den Account von ‚Lena', deren Lied gedolmetscht wurde. Zusätzlich hätten einige Hashtags verwendet werden können, um die Reichweite zu erhöhen. Außerdem wäre ein guter Einstieg gewesen, wenn die Zuschauer auch zu Beginn ein Lied hätten erraten können.

Wünsche und Erwartungen von Instagram-Nutzern

Medienunternehmen schneiden auf Instagram im Follower-Vergleich mit Influencern oder Fußballern schlecht ab. Dabei gibt es ein weitaus größeres Interesse der Nutzer, Nachrichtenmedien auf Instagram zu folgen. Das Marktpotenzial ist groß und noch lange nicht ausgeschöpft. Wie die Abb. 4.1 zeigt, ging der Anteil der Facebook-Nutzung in Deutschland von 2017 auf 2018 leicht zurück, während die tägliche Nutzung von Instagram stark anstieg. Nutzen Sie die Chance, um Konsumenten zu erreichen, die bisher noch gar keinem Medienaccount folgen.

4.1 Technische Details

In den Storys lassen sich journalistisch besser Geschichten erzählen, als es in den Feedbeiträgen mit einzelnen Bildern möglich ist. Deshalb könnte man vermuten, dass sich die Nutzer vor allem mit den Storys auf der Plattform beschäftigen und weniger mit dem Feed. Doch die Realität sieht anders aus. Die meisten Instagram-Nutzer schauen öfter den Feed, als die Storys an. Dieser Aspekt ist für Sie relevant, da für die Produktion der Storys wesentlich mehr Zeit aufgewendet wird. Wenn Sie nun aber eine aufwendige Story produzieren, die Follower sich aber nur für die Feedbeiträge interessieren, fällt der Kosten-Nutzen-Effekt negativ aus.

Ein wichtiger Aspekt für alle Videobeiträge ist, ob diese mit oder ohne Ton produziert werden. Videos werden gelegentlich im Feed, noch häufiger aber in den Storys veröffentlicht. Konsumenten nutzen Instagram jedoch meist unterwegs an Orten wie in Bus und Bahn, an denen es unpassend ist, den Ton des Handys laut zu stellen. Deshalb schauen die meisten Nutzer Videos ohne Ton an. Grund

© Springer Fachmedien Wiesbaden GmbH, ein Teil von Springer Nature 2019   21
S. Bettendorf, *Instagram-Journalismus,* essentials,
https://doi.org/10.1007/978-3-658-25853-5_4

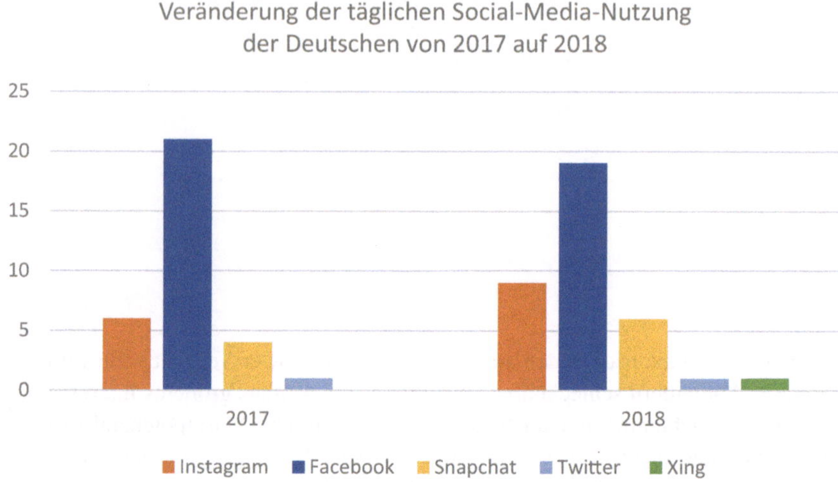

Abb. 4.1 Veränderung der täglichen Social-Media-Nutzung der Deutschen von 2017 auf 2018. (Quelle: Eigene Darstellung aus Informationen der ARD/ZDF-Onlinestudie 2019)

dafür ist, dass Videos mit Ton für den Nutzer ohne Kopfhörer nicht verständlich sind, wenn das Video keine Untertitel oder andere Beschreibungen aufweist.

Die meisten Instagram-Journalisten verwenden für fast alle Videobeiträge Untertitel, sodass sie auch ohne Ton verständlich sind. Nun gibt es jedoch Unterschiede, ob die Beiträge überhaupt über einen Ton verfügen, wie beispielsweise den atmosphärischen Ton oder eine hinzugefügte Hintergrundmusik, oder ob gar kein Ton verfügbar ist. ‚Spiegel Online' und ‚Nordbayern' verwendeten in ihren Videos meist gar keinen Ton, bei der ‚Bild' gab es oft atmosphärische Hintergrundgeräusche und bei manchen Storys auch eingespielte Hintergrundmusik. Viele Instagram-Nutzer geben jedoch an, dass sie Hintergrundmusik als störend empfinden. Wieder anderen ist es egal, aber nur sehr wenige finden sie tatsächlich angenehm. Da sie als störend angesehen wird und einen zusätzlichen Zeitaufwand von Ihnen erfordert, wenn sie die passende Musik suchen und einfügen müssen, sollten Sie lieber auf Hintergrundmusik in Videos verzichten.

Einige Instagram-Redakteure benutzen bereits regelmäßig Interaktionsfunktionen in ihren Storys. Sie erscheinen zunächst sinnvoll, da diese Funktionen den Nutzer direkt ansprechen und mit einbeziehen. Allerdings möchten viele Nutzer nur mit Storys interagieren, die von ihren Freunden veröffentlicht wurden. Öffentliche Beiträge und Storys möchten manche nur konsumieren, nicht aber selbst damit interagieren, sie kommentieren oder die Interaktionsfunktion nutzen. Diese Einstellung teilen allerdings nur manche der Nutzer. Andere wiederum interagieren gerne mit Ihren Storys. Als Instagram-Redakteur sollten Sie deshalb genau beobachten, welche Funktionen von Ihren Nutzern geschätzt werden und welche nicht und dabei ein gutes Mittelmaß finden.

Als letztes technisches Detail soll noch kurz auf die Filterfunktion eingegangen werden. Diese kann von Moderatoren bei Instagram-Storys verwendet werden. Mit dieser Funktion können beispielsweise Kronen auf den Kopf des Moderators gesetzt und die Farben verändert werden. Diese Funktion wird bisher noch nicht besonders stark von Instagram-Redakteuren genutzt, dabei gefällt sie vielen Nutzern und sie würden gerne mehr Filter in den Storys sehen. Probieren Sie deshalb nicht nur Filter, sondern auch alle anderen neuen Funktionen und Trends aus. Schauen Sie, was Ihnen hilfreich erscheint und was Ihren Followern gefällt. Seien Sie kreativ, gehen Sie Risiken ein.

4.2 Moderation und Darstellung der Storys

Es gibt zahlreiche Möglichkeiten, journalistische Storys für Instagram zu produzieren. Ein perfektes Format gibt es nicht und die Storys werden kontinuierlich weiterentwickelt. Der Einsatz eines Moderators ist sinnvoll, wenn es zum Format der Story passt. Dabei sollten Sie Ihren Moderator gut auswählen, sodass er zur Zielgruppe passt. Bei der ‚Bild' sind es beispielsweise immer ein Mann und eine Frau, beide unter 30, die jeden Freitag gemeinsam eine Story moderieren. Ihr Moderator oder Ihre Moderatorin sollte unter 30, oder zumindest nicht über 40 Jahre alt sein. Er sollte möglichst lässig und nicht so ernsthaft oder förmlich sein, wie es beispielsweise Moderatoren in der Tagesschau sind. Ihr Moderator sollte eher informell sein, eventuell sogar improvisieren und sich generell der Plattform anpassen.

Andere Nutzer sagen allerdings auch, die Moderatoren sollten nicht so gezwungen ‚jung' wie bei Snapchat sein, sondern zwar jung, aber trotzdem seriös und mit guter Nutzung der gebotenen Technologie auftreten. Das Setting soll nicht zu übertrieben, sondern schlicht und sachlich gestaltet sein. An dieser Stelle ist offensichtlich, dass Sie als Instagram-Redakteur auf einem schmalen Grat wandern müssen, um beiden Seiten gerecht zu werden. Es ist möglich, einen jungen und trotzdem seriösen Moderator Nachrichten überbringen zu lassen. Es wäre jedoch auch eine Möglichkeit, dass sich die verschiedenen Medienunternehmen auf jeweils eine Variante festlegen. Die Moderatoren der ‚Bild' beispielsweise sind eher jung und frisch als schlicht und seriös.

Moderatoren können durch geplante Storys, vergleichbar etwa mit den Nachrichtenformaten im Fernsehen, oder durch Live-Storys führen. Letztere sind oft chaotisch, da sie nicht gut vorbereitet werden können, aber authentisch, weil der Nutzer direkt vor Ort mitgenommen wird. Ein Beispiel für eine Live-Story war in Kapitel drei die Live-Story der ‚Bild', welche das Interview mit Pietro Lombardi mit aufzeichnete. Bei den Nutzern gehen die Meinungen in diesem Fall auseinander. Bedienen Sie also, wenn möglich, sowohl geplante, als auch Live-Storys.

Bei geplanten Storys haben Sie die Möglichkeit, bei jeder Publikation denselben Videohintergrund zu verwenden. Diese Storys würden der ‚Tagesschau' im Fernsehen stark ähneln. Es gäbe ein bis zwei Moderatoren, welche immer in denselben Räumlichkeiten verschiedene Nachrichten für die Nutzer aufbereiten und präsentieren. Bei den Nutzern gibt es dazu verschiedene Meinungen, deshalb ist ein fester Hintergrund nicht zwingend notwendig. Ein Nutzer wünscht sich den Moderator ähnlich wie beim ‚Frühstücksfernsehen' vor einem modernen und lockeren Hintergrund. Ein anderer wünscht ihn sich nicht im Studio, sondern in einer ‚natürlichen' Umgebung wie auf der Straße, im Büro oder in einem Café.

Zu der Darstellung der Informationen gehen die Meinungen der Nutzer ebenfalls auseinander. Viele wünschen sich die Nachricht frisch und jung aufbereitet und „nicht das Aalglatte, was man sowieso schon aus der Tagesschau kennt". Die Nachrichten sollen innovativ und kreativ präsentiert werden, wobei sie auf eine angenehm lustige und ironische Art erklärt werden sollen. Manche wünschen sich Storys so wie das 100-s-Format der Tagesschau. Ein anderer Nutzer schlägt vor, dass dabei sogar in einer Ecke des Videos angezeigt wird, wie viel Zeit des Videos noch aussteht oder wie viel schon angesehen wurde. So weiß der Nutzer genau, wie viel Zeit er in diese Story investieren müsste, um sie ganz anzuschauen, und kann abwägen, ob ihm die Story das Wert ist.

Konsumenten wollen außerdem in den Storys viele farbige Elemente sehen. Sie möchten die Informationen mit Grafiken und Texttafeln erklärt bekommen und manche Nutzer freuen sich auch, wenn ‚GIFs' oder Animationen hinzugefügt werden, solange dadurch die Slides nicht ‚vollgestopft' werden. Außerdem soll das Nachrichtenmedium einen Wiedererkennungswert haben, wie beispielsweise die ‚Tagesschau' in blau und die Sendung ‚heute' aus dem ZDF in orange.

4.3   Komprimierte Inhalte und aktuelle Themen

Wenn man Instagram-Nutzer fragt, wie sie sich die perfekte nachrichtliche Instagram-Story vorstellten, wird vor allem eines genannt: Die Storys sollen kurz und prägnant sein. Sie sollen in nur wenigen Slides die wichtigsten Nachrichten vermitteln, welche wiederum alle relevanten Informationen enthalten sollen.

Die Informationen sollen auf das Wesentliche reduziert werden, ähnlich wie bei einem guten journalistischen Bericht in einer Zeitung.

Konkreter gesagt sollen die Storys ein Maximum von acht Slides oder zwei Minuten Gesamtzeit auf keinen Fall überschreiten. Sie wollen die Informationen übersichtlich zusammengefasst serviert zu bekommen. Sie möchten Nachrichten lesen, die sie auf einen Blick verstehen können, und nicht mit Informationen überflutet werden. Obwohl die meisten Instagram-Journalisten das bereits wissen sollten, sind beispielsweise die Storys von der ‚Bild' oder auch der ‚Zeit' oft länger, was sich negativ auf ihren Account auswirken könnte. Achten Sie deshalb bei Ihren Storys unbedingt darauf, Informationen in so wenigen Slides wie möglich aufzubereiten.

Zu der Themenwahl sagen viele Nutzer, dass sie tagesaktuelle Themen präsentiert bekommen möchten. Hierzu lautet ein Kommentar: „Die Story sollte aktuelle Nachrichten aus einem anderen Blickwinkel betrachten, so dass diese einen andern Inhalt vermitteln als die Nachrichten im Fernsehen." Eine andere Person wünschte sich eine gute Mischung „aus aktuellen, zeitlosen, traurigen, freudigen und lustigen Nachrichten". Einige begrüßen es, wenn der Reporter nah am Geschehen ist. Er soll die Nutzer mit auf Recherche nehmen, sodass sie live dabei sein können. Dabei kann eine aktuelle Veranstaltung begleitet oder ein kurzes Live-Interview geführt werden. Ein Hauptstadtkorrespondent könnte so live aus dem Bundestag oder dem Regierungsviertel berichten. Wählen Sie bei Ihren Themen nicht nur positive Nachrichten aus, denn die meisten Nutzer sind allgemein an Nachrichten interessiert und nehmen dementsprechend auch negative Nachrichten in Kauf.

Die meisten Nutzer wünschen sich tagesaktuelle Themen, nur wenige sind mit zeitlosen Geschichten zu begeistern. Außerdem wünschen sich viele Nutzer eine Live-Berichterstattung. Diese ist für Instagram-Redakteure besonders reizvoll, da sie neue Chancen für den Journalismus bietet. Die Möglichkeiten zu Liveübertragungen gab es bisher nur in Ausnahmen im Fernsehen oder im Radio. Livestorys sind authentisch und müssen nicht aufwendig produziert werden. Eine Vorbereitung ist trotzdem notwendig, da die Sie für die passende Infrastruktur wie beispielsweise eine starke WLAN-Verbindung und die passende Kulisse sorgen müssen.

Ein Paradebeispiel gab es 2018 von der Tagesschau, als der türkische Präsident Erdogan zu Besuch in Deutschland war. Ein Redakteur der Tagesschau filmte ‚Erdogan-Fans' die ihm zujubelten und stellte ihnen Fragen, die sie in der Instagram-Story beantworteten. Diese Story hatte einen signifikanten Mehrwert für die Nutzer, da sie Informationen bereithielt, die am Abend in der Tagesschau nicht zu sehen waren und auch in keinem Artikel so deutlich wurden.

Ihre Follower möchten anschauliche und aussagekräftige Bilder sehen, die interessant, beeindruckend, übersichtlich und optisch ansprechend sein. Da Instagram bereits als Bildmedium bekannt ist, sind diese Aussagen nicht überraschend. Doch wenn Sie für eine Redaktion arbeiten und mit professionellen Fotografen zusammenarbeiten können, liegt hier eine Stärke. Sie können so Storys mit hohen Bildqualitäten produzieren und sich auf der Plattform von anderen Accounts abheben.

Manche Nutzer wünschen sich Slides, welche kurz und prägnant das Interesse an einer Geschichte und deren Hintergrund wecken, welche sie dann über einen Link weiterverfolgen können. Das wird wie bereits in Kapitel drei vorgestellt schon von Medienunternehmen gemacht, da sie so Werbung für ihre eigenen Produkte machen können. Dem Nutzer bieten sie durch die Verlinkung einen Mehrwert, da er weitere Informationen erhalten kann, aber nicht durch viele Slides überflutet wird. Eine Ankündigungsstory ist vor allem dann sinnvoll, wenn Sie wenig Zeit haben aufwendigere Storys zu produzieren. Nutzen Sie diese Möglichkeit, Ihren Followern Inhalte zu bieten und gleichzeitig Ihre Homepage bekannter zu machen.

Arbeitsalltag von Instagram-Journalisten 5

5.1 Technische und organisatorische Faktoren

Zunächst einmal besteht der wohl wichtigste Unterschied zwischen den Redaktionen in der Anzahl der Mitarbeiter, die für Instagram angestellt sind, beziehungsweise in der Zeit, die sie in die Plattform investieren können. Hierbei wird auch ersichtlich, welche Priorität die Unternehmen der Plattform zubilligen. In den meisten Redaktionen gibt es ein Team für Social Media, das sich um alle Auftritte kümmert. Je nach Größe des Teams kann es eine oder mehrere Personen geben, die für Instagram verantwortlich sind.

An einem regulären Arbeitstag kann beispielsweise ein Redakteur für den gesamten Instagram-Auftritt verantwortlich sein. Das bedeutet allerdings nicht, dass er alle Inhalte selbst erstellen muss. Er kann mit Fotoredakteuren zusammenarbeiten und dadurch aussagekräftige Bilder für seine Storys erhalten und verwenden. Außerdem kann er mit den Redakteuren anderer Social-Media-Plattformen und Grafikern kooperieren und auch von diesen Mitarbeitern Inhalte weiterverwenden. Wenn der zuständige Redakteur allein für die Instagram-Inhalte verantwortlich ist, kann er seine Beiträge vor der Veröffentlichung von einem anderen Redakteur gegengelesen lassen, wie es im Printzeitungsgeschäft auch üblich ist.

Der Zeitaufwand, der in Instagram investiert wird, kann sich sehr stark zwischen den Redaktionen unterscheiden. Bei wenig Personal kann es sein, dass dem zuständigen Redakteur an einem Tag nur 30 min Zeit für die Instagram-Beiträge zustehen und auch diese 30 min an einem stressigen Tag wegfallen. Gleichzeitig kann ein Mitarbeiter in einer anderen Redaktion einen kompletten Arbeitstag ausschließlich mit Instagram verbringen. Einen großen Unterschied gibt es diesbezüglich auch in den Storys. Wird lediglich auf einen hauseigenen Artikel

© Springer Fachmedien Wiesbaden GmbH, ein Teil von Springer Nature 2019
S. Bettendorf, *Instagram-Journalismus*, essentials,
https://doi.org/10.1007/978-3-658-25853-5_5

verlinkt, werden die zugehörigen Storys teilweise in zehn Minuten produziert. Aufwendige Reportagen hingegen können bis zu einem kompletten Arbeitstag benötigen, mindestens jedoch eine Stunde.

Eine Sonderstellung haben Live-Storys, die so lange dauern wie die Veranstaltung. Auch Redakteure, die nicht in der Social-Media-Redaktion sind, können von Terminen, die sie ohnehin besuchen, Instagram-Storys mitbringen beziehungsweise direkt vom Smartphone aus veröffentlichen. Bei geplanten Storys, also dem häufiger genutzten Format, können Redakteure eine höhere Qualität erreichen, wenn sie ihre Storys am Computer anstelle des Handys produzieren. Hierfür wird aber mehr Zeit benötigt. Der Zeitaufwand für Live-Storys ist dementsprechend nicht besonders hoch, wenn reguläre Zeitungstermine auf Instagram mitverwertet werden und Mitarbeiter nicht ‚nur für Instagram-Storys' auf Veranstaltungen gehen. Dabei sind Live-Storys bei den Nutzern sehr beliebt, aber nicht jede Redaktion hat dafür das richtige Personal.

Abgesehen von den Storys werden auch im Feed gelegentlich Videos veröffentlicht, meistens jedoch Bilder mit Zitaten. Dabei wird bereits von vielen Instagram-Redakteuren Priorität auf den Feed gelegt, da sie dort deutlich mehr veröffentlichen. Im Feed sollten Bilder eine gute Qualität aufweisen und nicht zu unterschiedlich sein. Es sollte also nicht ein Bild mit Filter, eines ohne und das nächste auch noch schwarz-weiß sein. Wenn man einen professionell gemachten Instagram-Auftritt einer Redaktion betrachtet, sollte dieser auch auf den ersten Blick schon ansprechend und übersichtlich gestaltet sein.

5.2   Themenfindung

Die Entscheidung, welche Themen veröffentlicht werden, kann der zuständige Instagram-Redakteur allein treffen. Allerdings ist es hilfreich, wenn Kollegen aus anderen Ressorts auf die Instagram-Redaktion zugehen und ein Thema selbst anbieten oder auf ein Thema aufmerksam machen, das sie für Instagram gut nutzen könnten. Wenn ein Print- oder Onlinekollege einen ‚Instagram-tauglichen Termin' wahrnimmt, kann die Social-Media-Redaktion beispielsweise einen Fotografen mitschicken, der professionelle Bebilderung für eine Story liefert.

Manche Redakteure verwenden ausschließlich die Inhalte, die auf ihrer Online-Plattform bereits zu finden sind, und nutzen diese für ihre Beiträge. Das ist oft einfacher, da die Geschichte als solche bereits existiert und sie nur noch grafisch dargestellt werden muss. Sie haben aber auch die Möglichkeit, mit starken Bildern selbst Geschichten in Instagram-Storys zu erzählen. Außerdem können sie, um sich für weitere Themen zu inspirieren, auf der eigenen Homepage schauen und auf unterschiedlichen Social-Media-Kanälen. Da sind beispielsweise die Social-Media-Kanäle der Konkurrenz interessant, aber auch die von Fußballern oder Influencern, sowie Tweetdeck und andere Websites. Am besten eignen sich logischerweise Themen, die Konkurrenten noch nicht veröffentlicht haben, oder allgemein instagram-taugliche Themen wie Tiere, Wetter, Unfälle oder Kurioses.

Darüber hinaus gibt es auch noch die neuen Formate, die sich Redakteure selbst für ihre Instagram-Follower ausdenken. Einige Beispiele wurden bereits in Kap. 3 genannt. Ein weiteres Beispiel für ein Format ist ein Fragen- und Antworten-Format von ‚Zeit Online'. Darin haben die Nutzer etwa 12–14 h Zeit, Fragen zu einem bestimmten Thema an die Redaktion zu schicken. Daraus wird in Kooperation mit dem ‚Zeit Online'-Wissensressort ein Videoformat erstellt. Die ‚Bild' hat dafür ‚Bild fragt euch' und zahlreiche internationale Medien haben andere spannende Formate geschaffen. Für diese ist durch die Planung und Konzeption ein deutlich höherer Aufwand nötig.

Im Feed veröffentlichen manche Redaktionen ausschließlich positive Nachrichten, da Instagram den Ruf einer positiven Plattform besitzt. Damit die sogenannten ‚harten Nachrichten', wie zum Beispiel die Tagespolitik, aber auch vorkommen, werden diese eher in den Storys veröffentlicht. Für Storys können auch keine Likes vergeben werden. Für den Feed können sich die Mitarbeiter auch von ihrer Fotoredaktion beraten lassen. Außerdem müssen sie das Tagesgeschehen verfolgen und die wichtigsten Neuigkeiten des Tages in ‚Quotecards' umsetzen. Im Feed generieren häufig Bilder mehr Likes und Videos eine höhere Reichweite.

5.3 Die Produktion von Instagram-Storys

Instagram-Redakteure publizieren ihre Storys häufig nachmittags oder abends gegen 18 Uhr, damit sie die Nutzer nach ihrem Feierabend erreicht. Ihre Themen passen zur Plattform, interessieren junge Menschen und sind auf diese Zielgruppe zugeschnitten. Die Länge ihrer Storys beläuft sich in der Regel auf fünf bis zwölf Slides, vor allem bei tagesaktuellen Nachrichten. Dabei wechseln sie Bilder, Texte und Videos, Fakten und Emotionen ab. Frage-und-Antwort-Videos, Live-Videos oder neue Formate können auch länger sein, wenn das notwendige Bildmaterial dafür zur Verfügung steht.

Bei professionellen Storys ist für die Nutzer ein roter Faden erkennbar. Die Medienunternehmen können so mit ihren Storys einen journalistischen Mehrwert bieten, den nicht-journalistische Instagram-Accounts nicht bereitstellen können. Instagram-Redakteure sollen mit ihren Storys die ästhetischen Erwartungen der

Nutzer erfüllen, einen neuen Sachverhalt zeigen oder durch Grafiken und Videos neu erzählen. Wie bei Zeitungsartikeln können sie mit einer gelungenen ersten Slide den Nutzer überzeugen und ‚reincatchen'. Hierfür spielen überraschende, starke Bilder, die die Nutzer nicht erwarten, oder aber zuerst ein emotionales Video und dann Bilder mit Erklärungen und Verlinkungen, eine wesentliche Rolle. Dabei sollte das Video maximal 15 s lang sein.

Um langfristig einen guten Instagram-Auftritt bieten zu können, können Mitarbeiter nicht nur die Auftritte der Konkurrenz in Deutschland, wie beispielsweise die ‚Tagesschau' oder die ‚Zeit' beobachten, sondern vor allem auch die Auftritte der internationalen Konkurrenz. Besonders interessant und fortschrittlich sind beispielsweise der ‚Guardian', ‚National Geographic', ‚Washington Post', ‚Le Monde', ‚BBC', ‚CNN', oder ‚Al Jazeera'. Außerdem können sie neue Funktionen austesten und sich Gedanken über weitere Entwicklungen machen. Wichtig ist für Instagram-Redakteure auch ein reger Austausch mit der Zielgruppe, um herauszufinden, welche Inhalte diese sich auf der Plattform wünscht. Professionelle Social-Media-Redakteure haben auch die Möglichkeit, Kontakt zu den Mitarbeitern von Instagram oder Facebook aufzunehmen. Sie können technische Probleme, Weiterentwicklungen oder Veränderungen im Algorithmus besprechen.

5.4   Die Verwertung der Instagram-Inhalte

Es ist sinnvoll, Inhalte explizit für Instagram zu erstellen, da sie dann einen Mehrwert für die Nutzer bieten. Deshalb müssen auch nicht alle Inhalte, die Redakteure für Instagram produzieren, im Anschluss weiterverwendet werden. Um viel Aufwand zu vermeiden, gibt es trotzdem einige Möglichkeiten. Beispielsweise können die Storys von Snapchat für Instagram und die von Instagram für Snapchat verwendet werden. Diese beiden Plattformen eignen sich für Storys am besten. Mittlerweile gibt es aber auch die Möglichkeit, die Storys auf Facebook und WhatsApp zu veröffentlichen. Dabei müssen die Redakteure jedoch noch Kleinigkeiten an den Formatierungen anpassen. Beispielsweise sind auf Facebook keine Verlinkungen möglich, weshalb diese entfernt werden müssen. Außerdem können gute Bilder aus Instagram in Liveticker verwendet oder in Artikel eingebaut werden.

Medienunternehmen können über Instagram Aufrufe auf ihre Website generieren. Über den Feed funktioniert das nicht besonders gut, da dort keine Verlinkungen möglich sind. Angeteaserte Storys locken allerdings Nutzer auf die Websites. Beim ‚Guardian' beispielsweise sind 60 % der Nutzer, die nach Instagram-Storys auf die verlinkten Artikel klicken, neu auf der Website (Davies

2018). In den Storys entscheiden die Nutzer auf den ersten Slides, ob sie sie vollständig ansehen oder nicht. Wenn Redakteure es schaffen, ihre Konsumenten zu Beginn ‚reinzucatchen‘, bleibt die Nutzerrate häufig konstant und es klicken zum Schluss auch einige Nutzer auf die Verlinkung, wodurch sich der Aufwand für eine Instagram-Story bereits lohnt. Viele Redaktionen haben bisher jedoch immer noch eine höhere Reichweite auf Facebook und können deshalb dadurch aktuell noch mehr Nutzer erreichen.

Medienunternehmen können über Instagram nicht nur Inhalte weiterverwenden und Nutzer auf ihre Homepage leiten, sondern auch eine neue Zielgruppe erreichen. Es geht um junge Menschen, die die Website unter anderen Umständen nicht besuchen würden. Diese sind hauptsächlich im Alter zwischen 14–29 Jahren (s. Abb. 5.1). Da die Instagram-Nutzer fast ausschließlich in dieser Altersgruppe sind, sollten die Inhalte dementsprechend auf sie zugeschnitten werden.

Zusätzlich erleichtert Instagram den Austausch mit dem Leser. Langfristig könnte es auch sein, dass Unternehmen mit ihrer Instagram-Arbeit Geld verdienen, und zwar mit journalistisch guten Inhalten für diese Plattform. Dafür müsste die Plattform Instagram Neuerungen bereithalten, wie beispielsweise das Schalten von Werbung in Storys ermöglichen. Doch da diese Möglichkeit aktuell noch nicht besteht, können Redakteure zumindest ihre Marke bekannter machen, also die ‚brand awareness‘ steigern, und noch mehr Leser zur Nutzung der Website animieren. Als Mittel dafür müssen die Reichweite auf Instagram und die Anzahl der Likes erhöht werden.

Abb. 5.1 Anteil der Instagram-Nutzer 2018 nach Altersgruppen. (Quelle: Eigene Darstellung mit Informationen aus der ARD/ZDF-Onlinestudie 2019)

Anteil der täglichen Instagram-Nutzer 2018 nach Altersgruppen

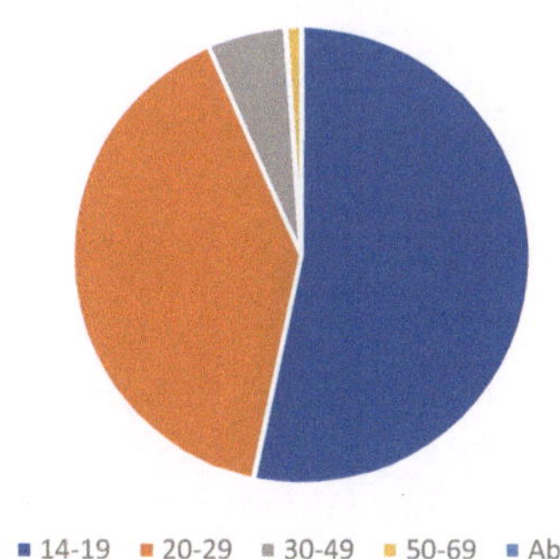

Konkreter Leitfaden für die praktische Arbeit als Instagram-Journalist

Für professionellen Instagram-Journalismus müssen Sie drei Bereiche beachten. Zum einen den allgemeinen Auftritt Ihres Medienunternehmens, dann die Arbeit im Newsfeed und schließlich den Journalismus in den Instagram-Storys. Die wichtigsten Aspekte in diesen drei Bereichen werden nun zusammengefasst.

Der Account Ihres Medienunternehmens sollte zunächst mit einem passenden Profilbild, dafür reicht in den meisten Fällen Ihr Logo aus, und einer verständlichen Beschreibung in der Biografie ausgestattet werden. Platzieren Sie in der ‚Bio' Ihre Homepage und beschreiben Sie Ihr Unternehmen mithilfe weniger, pointierter und authentischer Schlagworte. Achten Sie bei Ihren Inhalten darauf, dass sie homogen sind und zur Leitlinie Ihres Unternehmens passen. Verwenden Sie beispielsweise Farben und Schriftarten, die auch Ihre Zeitung prägen, um einen Wiedererkennungswert für die Kunden zu schaffen. Außerdem sollten Sie einen Qualitätsstandard generieren, in dem sie beispielsweise Regeln für ihre Instagram-Auftritte festlegen, sodass diese Auftritte in Folge auch von anderen Redakteuren betreut werden können, ohne dass sich die Nutzer über eine Veränderung wundern.

Legen Sie in einer Strategie fest, welche Beiträge regelmäßig publiziert werden sollten und einen niedrigeren Zeitaufwand benötigen, und welche besonderen Beiträge zusätzlich produziert werden können. Definieren Sie dabei einen regelmäßigen Rhythmus für das Veröffentlichen Ihrer Beiträge. Produzieren Sie auch einige Beiträge ausschließlich für Instagram, anstatt ‚nur' Beiträge von Ihrer Homepage zu übernehmen. Der Nutzer bemerkt dann den Mehrwert, den er nur durch Instagram erhält. Feed- und Story-Beiträge sollten von Ihnen als gleich wichtig erachtet werden, in der Kosten-Nutzen-Rechnung sollte der Feed aber immer zuerst kommen. Ihre Videos sollten ohne Ton zu verstehen sein und es sollte auch keine Hintergrundmusik oder zusätzlicher Ton eingefügt werden. Letztlich sollten alle

© Springer Fachmedien Wiesbaden GmbH, ein Teil von Springer Nature 2019
S. Bettendorf, *Instagram-Journalismus,* essentials,
https://doi.org/10.1007/978-3-658-25853-5_6

nachrichtlich relevanten Themen vorkommen und keine Beschränkung auf ausschließlich positive Instagram-Inhalte vorgenommen werden.

6.1 Tipps für den Newsfeed

Im Newsfeed gilt das Prinzip der Heterogenität in der Homogenität. Beispielsweise sollten Sie gleiche Filter, gleiche Farben und Formen verwenden, um dem Nutzer ein einheitliches Unternehmen zu präsentieren. Gleichzeitig sollten Sie immer wieder unterschiedliche Bilder und Motive verwenden, um Abwechslung innerhalb der festen Strukturen anzubieten. Die Beiträge sollten aktuell, überraschend, außergewöhnlich oder witzig sein und darüber hinaus eine individuelle Note aufweisen und gut diskutierbar sein. Außerdem sollten die Beiträge leicht teilbar sein.

Für Ihre Follower sind Beiträge dann sinnvoll, wenn sie ihnen einen Mehrwert bieten. Das können aktuelle Themen sein, die bis zu diesem Zeitpunkt noch nicht von Ihren Konkurrenten publiziert wurden, oder aber von Ihnen selbst gestaltete Infografiken, welche komplexe Themen auf einem Bild zusammenfassen. Infografiken eignen sich perfekt für Instagram, weil sie leicht teilbar sind und gleichzeitig schwierige Zusammenhänge vereinfacht darstellen. Achten Sie aber darauf, dass die Informationen nicht falsch verstanden werden können und Sie somit keine missverständlichen Nachrichten verbreiten. Außerdem ist für die Infografiken ein deutlich höherer Zeitaufwand notwendig als für andere Feedbeiträge. Wenn Sie nicht so viel Zeit haben, setzen Sie andere Prioritäten.

Deutlich weniger Zeitaufwand benötigen Leserfotos, die noch dazu die Beziehung zu Ihren Followern verbessern können. Veröffentlichen Sie aber maximal ein Leserfoto am Tag und auch nur, wenn es einen Mehrwert für Ihre Nutzer bietet. Wenn Sie für eine Lokalzeitung arbeiten, macht es Sinn, jeden Tag ein Leserfoto aus der Region zu teilen. Ihre Follower können diesen Ort dann besuchen, wenn sie durch das Bild dazu inspiriert werden. Die wichtigsten Beiträge im Newsfeed sollten aktuelle Nachrichtenbeiträge sein. Publizieren Sie mindestens zwei Nachrichtenbeiträge im Feed pro Tag. Ihr technischer Zeitaufwand liegt bei etwa fünf Minuten pro Bild, wenn Sie das Thema für den Beitrag bereits wissen.

Für Nachrichtenbeiträge eignen sich am besten ‚Quotecards‘, kurze Informationen oder Zitate auf einem ansprechenden Hintergrund. Die Themen stammen meist aus der Politik, können aber alle Gesellschaftsbereiche betreffen. Formulieren Sie hierfür die Texte kurz und knapp, sodass jeder Nutzer sie auf den ersten Blick verstehen kann. Verwenden Sie bei jedem Beitrag kurze, kluge und aussagekräftige Hashtags.

Für einen professionellen Newsfeed können Sie mit 15 min zusätzlichem Zeitaufwand zwei ‚Quotecards' und ein Leserfoto publizieren und somit die wichtigsten Tagesbeiträge abarbeiten. Darüber hinaus könnten Sie mit aufwendigen Infografiken einen noch professionelleren Newsfeed anbieten, müssten hierfür jedoch deutlich mehr Zeit investieren.

6.2   Tipps für die Instagram-Storys

Die Story-Funktion auf Instagram bietet Ihnen die beste Möglichkeit, anspruchsvollen Qualitätsjournalismus zu betreiben. Stellen Sie Ihre Storys nach Feierabend, optimalerweise gegen 18 Uhr, online, um möglichst viele Nutzer zu erreichen. Achten Sie dabei darauf, dass sie kurz und prägnant, also maximal acht Slides und maximal zwei Minuten lang sind. Für Live-Storys oder spezielle Formate wie ‚Frage-und-Antwort-Videos' gelten diese Regeln nicht.

Wie bei Ihren Zeitungsartikeln ist auch bei den Storys wichtig, dass Sie eine Geschichte mit rotem Faden erzählen. Wechseln Sie hierfür Texte, Bilder, Videos, Fakten und emotionale Inhalte ab. Die Nutzer bekommen durch den roten Faden und Ihr professionelles Erzählen einer Geschichte einen Mehrwert, den sie von Influencern auf der Plattform nicht bekommen. Versuchen Sie auch die ästhetischen Erwartungen der Nutzer zu erfüllen und neue Informationen mit Grafiken und Videos zu erklären. Wie bei Ihren Artikeln muss die erste Slide den Nutzer überzeugen und ‚reincatchen'. Hierfür eignen sich überraschende, starke Bilder oder emotionale Videos, die die Nutzer nicht erwarten.

Bei einigen Themen ist ein Moderator sinnvoll, der durch die Story führt. Er sollte ‚lässig' und zwischen 25 und 40 Jahren alt sein. Dabei spielt es keine Rolle, ob ein Mann oder eine Frau moderiert. Der Moderator sollte mindestens einmal zu Beginn direkt in die Kamera sprechen, um eine Verbindung zu den Zuschauern aufzubauen. Bei Live-Storys sollte der Reporter nah am Geschehen sein und den Zuschauern so eine ganz besondere Perspektive bieten. Publizieren Sie sowohl Live-Storys als auch geplante Storys regelmäßig. Ein bestimmter Hintergrund für geplante Storys ist nicht notwendig.

Sie können für Ihre Storys bereits bestehende Artikel aus Ihrem Onlineangebot verwenden. So bleibt der Arbeitsaufwand gering und Sie können den Artikel für weitere Informationen verlinken. Dadurch werden auch die Konsumenten auf Ihre Homepage geleitet und Ihr Unternehmen kann durch die Klickzahlen Umsatz generieren. Zusätzlich können gelegentlich noch Storys zu typischen ‚Instagram-Themen' wie Tieren, dem Wetter, Unfällen, oder Kuriosem erstellt werden. Sie sollten generell kreativ, jung, frisch, seriös und bunt gestaltet werden.

Bei fast allen Storys ist es sinnvoll, die Standortfunktion zu verwenden. Besonders wenn Sie für eine Lokalzeitung oder einen regionalen Radiosender arbeiten, sollten Sie diese Funktion häufiger nutzen, da sie Ihren Konsumenten einen relevanten Mehrwert bietet. Verwenden Sie außerdem regelmäßig die Interaktionsfunktion, damit sich die Nutzer einbezogen fühlen und Sie dadurch die Kundenbindung stärken können. Wichtig ist es auch, Filter zu benutzen und generell Neuerungen der Funktionen zu testen und so immer wieder auf neue Trends einzugehen. Essenziell ist selbstverständlich eine gute Ton- und Bildqualität, und auch, dass bei Videos passende Schnittsequenzen verwendet werden.

Vergessen Sie nicht, zum Schluss noch auf andere Accounts zu verlinken, die etwas mit Ihrer Story zu tun haben. Am besten eignen sich hierfür die Accounts von Influencern, welche oft eine höhere Reichweite als Redaktionsaccounts haben, oder aber der Account eines Unternehmens oder eines Fußballvereins. Neben der Verlinkung können und sollten, wenn das die einzelnen Slides nicht überfüllt, zusätzlich Hashtags verwendet werden.

Gerade diese zum Schluss genannten technischen Funktionen sind für guten Instagram-Journalismus relevant, da Sie so mit wenig Aufwand Ihre Klickzahlen deutlich erhöhen können. Investieren Sie deshalb für jede Story zusätzlich fünf Minuten in technische Details. Legen Sie diese Richtlinien auch in Social-Media-Strategien fest. Der Gesamtaufwand für Storys pro Tag ist nicht zu definieren, da es zahlreiche unterschiedliche Möglichkeiten gibt. Für die kürzeste Ankündigungs-Story werden etwa 15 min benötigt, für eine aufwendige Reportage jedoch bis zu acht Stunden.

6.3 Werden Sie kreativ

Dieses *essential* über Instagram-Journalismus bietet einen zuverlässigen Leitfaden und definiert die wichtigsten Grundlagen, die Sie beim Instagram-Journalismus beherzigen sollten und die auch in Zukunft noch relevant sein werden. Wenn Sie nun Marktführer in diesem Bereich werden wollen und sich von der Konkurrenz abheben möchten, müssen Sie die Grundlagen umsetzen und zusätzlich eigene Produkte erfinden. Sie müssen dabei der Linie Ihres Unternehmens treu bleiben und Formate kreieren, die man zuvor noch nie gesehen hat. Manche Redaktionen arbeiten bereits an solchen Formaten, entwickeln sich jedoch auch ständig weiter.

Wenn Sie nicht mehr als 30 min am Tag für Instagram-Journalismus investieren können, halten Sie sich ausschließlich an den Leitfaden und setzen Sie regelmäßig alle genannten Aspekte um. Wenn Sie mehr Zeit investieren können, werden Sie kreativ, innovativ und kreieren neue Formate und Produkte. Testen Sie immer wieder neue Funktionen und finden gemeinsam mit Ihren Followern heraus, ob sie ihnen gefallen oder nicht. Kleine Fehler werden Ihnen eher verziehen, als wenn Sie mit technischen Fortschritten nicht mitgehen. Beachten Sie deshalb immer neue Entwicklungen, Updates oder Veränderungen im Instagram-Algorithmus und passen Sie Ihre Strategie den Änderungen an. Verpassen Sie keine neuen Trends und beginnen Sie spätestens jetzt mit professionellem Instagram-Journalismus, um nicht den Anschluss zu verlieren.

Was Sie aus diesem *essential* mitnehmen können

- Mit Journalismus auf Instagram ist es möglich, Menschen unter 30 mit Nachrichten zu erreichen. Dabei ist bereits mit 30 min am Tag professioneller Instagram-Journalismus möglich.
- Obwohl sich Storys besser für Journalismus eignen, sollte der Newsfeed Priorität haben. Jeden Tag sollten mindestens zwei Quotecards und ein Leserfoto publiziert werden.
- Instagram-Storys müssen kurz, prägnant und aktuell sein.
- Instagram bietet fortwährend Updates und neue Funktionen an, die regelmäßig von Instagram-Redakteuren ausprobiert werden sollten.

© Springer Fachmedien Wiesbaden GmbH, ein Teil von Springer Nature 2019   39
S. Bettendorf, *Instagram-Journalismus,* essentials,
https://doi.org/10.1007/978-3-658-25853-5

Literatur

ARD/ZDF-Onlinestudie. 2019. Nutzung von Onlinecommunitys 2018. ARD/ZDF-Onlinestudie. http://www.ard-zdf-onlinestudie.de/whatsapponlinecommunities/. Zugegriffen: 14. Febr. 2019.

Davies, Jessica. 2018. How the guardian's instagram strategy is winning new readers. Digiday. https://digiday.com/media/guardians-instagram-strategy-winning-new-readers/. Zugegriffen: 14. Mai 2018.

Erxleben, Christian. 2017. Raketenhafter Aufstieg von 0 auf 700 Mio.: Die Geschichte von Instagram. Basic Thinking. https://www.basicthinking.de/blog/2017/04/27/geschichte-instagram/. Zugegriffen: 12. Jan. 2019.

Erxleben, Christian. 2018. Instagram-Algorithmus-Update: Neue Faktoren beeinflussen das Ranking. Basic Thinking. https://www.basicthinking.de/blog/2018/06/08/instagram-algorithmus-update-2018/. Zugegriffen: 11. Juli 2018.

Etherington, Darrell. 2018. Instagram now has 800 million monthly and 500 million daily active users. TechCrunch. https://techcrunch.com/2017/09/25/instagram-now-has-800-million-monthly-and-500-million-daily-active-users/?guccounter=1. Zugegriffen: 12. Jan. 2019.

Femers-Koch, Susanne, und Stefanie Molthagen-Schnöring. 2018. *Textspiele in der Wirtschaftskommunikation. Texte und Sprache zwischen Normierung und Abweichung.* Wiesbaden: Springer VS.

Firsching, Jan. 2019. Instagram Statistiken für 2019: Nutzerzahlen, Instagram Stories, Instagram Videos & tägliche Verweildauer. Futurebiz. http://www.futurebiz.de/artikel/instagram-statistiken-nutzerzahlen/. Zugegriffen: 14. Febr. 2019.

Grimme Lab. 2017. Journalismus im Jugendformat. https://www.grimme-lab.de/2017/11/13/journalismus-im-jugendformat/. Zugegriffen: 11. Jan. 2019.

Haarkötter, Hektor, und Jörg-Uwe Nieland, Hrsg. 2018. *Nachrichten und Aufklärung. Medien- und Journalismuskritik heute: 20 Jahre Initiative Nachrichtenaufklärung.* Wiesbaden: Springer VS.

Jacobsen, Nils. 2018. Instagram wäre als eigenständiges Unternehmen bereits mehr als 100 Milliarden Dollar wert. Meedia. https://meedia.de/2018/06/26/instagram-waere-als-alleiniges-unternehmen-bereits-mehr-als-100-milliarden-dollar-wert-und-duerfte-seine-mitgliederzahl-in-5-jahren-verdoppeln/. Zugegriffen: 12. Jan. 2019.

© Springer Fachmedien Wiesbaden GmbH, ein Teil von Springer Nature 2019   41
S. Bettendorf, *Instagram-Journalismus,* essentials,
https://doi.org/10.1007/978-3-658-25853-5

Krieg, Susanne. 2017. Wie sich Instagram journalistisch nutzen lässt. Freelens. https://free-lens.com/social-media/wie-sich-instagram-journalistisch-nutzen-laesst/.   Zugegriffen: 14. Mai 2018.

Kroker, Michael. 2018. Von Snapchat über Instagram & WhatsApp bis YouTube. Der Aufstieg des Story-Formats. WirtschaftsWoche. http://blog.wiwo.de/look-at-it/2018/03/07/von-snapchat-ueber-instagram-whatsapp-bis-youtube-der-aufstieg-des-story-formats/. Zugegriffen: 14. Mai 2018.

Likeometer. 2018. Deutsche Medien auf Instagram. https://de.likeometer.co/deutschland/medien/?sort=i&m=y. Zugegriffen: 31. Juli 2018.

Melchior, Laura. 2019. Die 10 beliebtesten Instagram-Accounts weltweit. Internet World Business.   https://www.internetworld.de/social-media/10-beliebtesten-instagram-accounts-weltweit-1665221.html?seite=0. Zugegriffen: 14. Febr. 2019.

News Aktuell. 2017. Journalismus 2017. Stellenwert von Social Media wächst rasant. https://www.newsaktuell.de/academy/journalismus-social-media/. Zugegriffen: 14. Mai 2018.

Priebe, Anton. 2018. Instagram Top 10: Dassind Deutschlands beliebteste Instagrammer. Online Marketing. https://onlinemarketing.de/news/instagram-top-10-deutschland-in-stagrammer. Zugegriffen: 12. Jan. 2019.

Primbs, Stefan. 2016. *Social Media für Journalisten. Redaktionell arbeiten mit Facebook Twitter & Co.* Wiesbaden: Springer.

Richter, Mark. 2017. *Instagram Marketing für Unternehmen. Wie Sie Instagram meistern, Ihre Zielgruppe erreichen und neue Kunden gewinnen.* Polen: CreateSpace Independent.

Schwichtenberg, Nina. 2018. Das bringt der Business Account bei Instagram. Lead Digital. https://www.lead-digital.de/instagram-tipps-von-nina-schwichtenberg-2/.   Zugegriffen: 12. Jan. 2019.

Vaynerchuk, Gary. 2017. *Storytelling in sozialen Medien. So landen Unternehmen im Kampf um Kunden gezielte Treffer mit Facebook, Twitter, Snapchat & Co.* Kulmbach: Books4Success.

Weichert, Stephan, und Leif Kramp. 2017. *Millennials. Mediennutzungsverhalten und Optionen für Zeitungsverlage.* Berlin: ZV Zeitungs-Verlag.

Wolter, Uli. 2017. 5 Tipps, damit Eure Instagram-Stories richtig abgehen. Lead. https://www.lead-digital.de/5-tipps-fuer-besseres-realtime-marketing-mit-instagram-stories. Zugegriffen: 14. Mai 2018.

Zusätzlich zu dieser Literatur wurden eine Nutzer-Umfrage und mehrere Experteninterviews durchgeführt. Aus Datenschutzgründen können diese nicht veröffentlicht werden.